W0299674

DUMONT
DIREKT

Dublin

Bernd Biege

Inhalt

Das Beste zu Beginn

Am besten lassen Sie Dublin einfach auf sich zukommen. Ohne Vorurteile, ohne zu hoch gesteckte Erwartungen, ohne ein Klischeebild voll von Irland-Seligkeit. Die Stadt an der Liffey ist weder irisch-sentimentale Gemütlichkeit am Torffeuer, noch eine echte High-Tech-Metropole. Oder etwa doch? Finden Sie es selbst heraus!

Es gibt Pubs außerhalb Temple Bar
Dublin und Pubbesuch sind oft synonym, aber warum in Temple Bar von Touristen rumgeschubst werden? Dublin hat wirklich an jeder Ecke einen Pub, und man darf einfach hineinschnuppern, um bei Gefallen zu verweilen. Und etwas außerhalb der City geht das noch besser, etwa im Hole in the Wall oder bei Kavanaghs.

Zu Fuß durch Dublin
Der beste Weg, Dublin kennenzulernen, ist nach wie vor zu Fuß. Denn die irische Hauptstadt ist klein genug, um das Zentrum in weniger als 20 Minuten zu durchqueren. Ein Auto braucht hier kein Mensch. Vor allem kein Besucher. Einen günstigen (und sicheren) Parkplatz findet man ohnehin nicht.

Am Puls des Lebens
Den kann man in Dublin ganz einfach spüren, nämlich tagsüber in der Moore Street. Wenn der alteingesessene Markt erwacht, die Marktfrauen ihre Waren anpreisen, die Händler aus aller Herren Länder ihre kleinen Geschäfte öffnen und wenn das »all you can eat buffet« zu einem Abenteuerurlaub quer durch Asiens Küchen gerät. Mehr Mix geht nicht, und dabei bleibt es immer typisch Dublin.

Einfach quasseln lassen
Die beste Unterhaltung kann nicht gekauft oder gar geplant werden. Wer aussieht, als ob er Muße hat, wird über kurz oder lang angesprochen. Manchmal nur zum Schnorren, aber oft auch von Dublinern, die einfach jemand zum Erzählen suchen. Und in der Tradition von Swift, Joyce und Behan bekommt man dann die abenteuerlichsten Geschichten serviert.

Heiligenschrein
Die ganz große Presse hat er nicht – aber Sankt Valentin, Schutzheiliger der Liebenden und der Geschenkeindustrie, ist ein Dubliner. Adoptiert. Im 19. Jh. hat ihn ein Papst hergeschickt. Seitdem liegen seine Reliquien in der Karmeliterkirche (Karte 2, F 5) an der Aungier Street. Am 14. Februar ist Sondergottesdienst für Paare.

!

Abenteuer im Doppeldecker
Den besten Blick auf das Dubliner Leben hat man hoch von einem Doppeldecker – die Giganten des öffentlichen Nahverkehrs kreuzen quer durch Dublin, irgendwie immer zum Zentrum zurückfindend. Die ›Light-Version‹ sind die Hop-On-Hop-Off-Touren, aber Kenner schwören auf die Linienbusse mit ihren oft überraschenden Routen. Klassiker ist die 46a nach Dun Laoghaire.

Coddle statt Stew
Irish Stew (nur echt mit Lamm) ist ja schon ganz nett, aber für die Hauptstadt nicht unbedingt typisch. Mehr so ›Landleben‹. Wenn in Dublin eine feste Grundlage benötigt wurde, dann kochte Mammy das Dublin Coddle. Eintopf mit Speck, Wurst und Kartoffeln, garantiert weder koscher noch *halal*. Aber wirklich sättigend ...

Boulevard der Unentdeckten
Wenn es um Straßenmusikanten geht, ist die Grafton Street nach wie vor das Zentrum – vom Profi bis zum (leider oft nicht sehr) begnadeten Amateur geht die Bandbreite, von Klassik bis Avantgarde. Und immer wieder Schunkel-Folk. Am Samstag ist hier die Hölle los, aber auch kaum Platz. Genuss ist dann etwas anderes.

Ich bin gebürtiger Holsteiner und lebe in Ulster, nördlich von Dublin. Die Stadt kenne ich seit 1982 und mag sie eigentlich ganz gern – auch wenn ich die irische Metropole mehr als Provinznest denn als Weltstadt sehe. Was nur positiv gemeint ist.

Fragen? Erfahrungen? Ideen?

Ich freue mich auf Post.

@ *Mein Postfach bei DuMont:*
b.biege@dumontreise.de

Das ist Dublin

Nicht Irland erst mal. Denn die Binsenweisheit »Dublin ist aber nicht Irland!« hört man oft genug von Besuchern, die in irgendeiner Form ein Problem mit der Hauptstadt haben. Aber natürlich ist Dublin ein Stück Irland. Und zwar ein ganz schönes Stück, in jeder Beziehung. Und ein irischer Mikrokosmos.

Was ist Dublin?

»Dublin« an sich ist ein recht schwammiger Begriff. Dublin ist die Stadt, Dublin City, aber auch ein ganzer Batzen Umland, County Dublin eben. Oder eine inoffizielle Metropolregion, wo Vororte nahtlos in die Counties Meath, Kildare und Wicklow übergehen. Auf jeden Fall ist Dublin die Ecke Irlands, in der die meisten Menschen auf einem Haufen leben. Und in der alle Entscheidungen für die Republik getroffen werden, durch das Parlament, die Regierung und die immer noch weitgehend zentralisierten Behörden. Wie schon Wikinger, Anglo-Normannen und Engländer wussten: Wer Dublin in der Hand hat, der hat irgendwann auch ganz Irland am Wickel. Praktisch für den Besucher: Mit einem Abstecher nach Dublin kann fast schon ganz Irland abgehakt werden. Naturwunder wie die Klippen von Slieve League, der Giant's Causeway und der Touristen-schwere Ring of Kerry natürlich ausgenommen. Aber wenn es um Kunst und Kultur geht, um einen Einblick in irische Lebensart, um die komplizierte (und oft tragische) Geschichte der Insel, dann ist Dublin die beste Anlaufstelle. »Irland kompakt« sogar, denn mit wenig Mühe kann man in Howth über dem Meer auf schroffen Klippen wandern. Danach im Pub ursprünglicher irischer Folklore lauschen. Oder einen Schnellkurs in irischer Sprache machen. Und die irische Wirtschaft ankurbeln, sei es in einem der über 750 Pubs oder in den Einkaufstempeln der Hauptstadt.

Die Dubliner

Dubliner sind freundlich – Ausreißer wie immer ausgenommen. Aber sie können auch das Spiel von der rauen Schale und dem weichen Kern. Dem misstrauischen ersten Blick folgt oft genug der Beginn einer wunderbaren Freundschaft. Zumindest solange man sich nicht aus dem Auge verliert. Hervorragend eignet sich Dublin auch zum Kennenlernen ›der Iren‹, denn hier findet man aus jedem County stammende Inselbewohner dicht an dicht. Die sonst so sehr auf den eigenen Kirchturm fixierten Provinzler ziehen die Jobs in die Hauptstadt, was sonst. Und nicht nur die, denn Dublin hat sich zu einem internationalen Schmelztiegel entwickelt. »New Irish« heißen die Immigranten im offiziellen Sprachspagat, allen voran dominieren heute die Polen die Statistiken. Und stellenweise auch das Stadtbild.

Dublin heute

Überhaupt Stadtbild – hier hat sich in Dublin doch einiges getan, neben gut erhaltenen (oder renovierten) historischen Straßenzügen findet sich Libeskind-Architektur, beeindruckende Neubauten zieren die einst heruntergekommenen Docklands, Straßenkunst und offiziell sanktionierte Installa-

Dublin ist eine Stadt voller spannender Gegensätze – modern trifft hier auf altmodisch, international auf durch und durch irisch.

tion mischen sich zu einem bunten Bild. So modern, spontan und bunt, dass dem vermeintlichen Kulturviertel Temple Bar schon fast ein Grauschleier anhängt. Dublin heute, das ist nicht eingemottete Irlandnostalgie mit Klampfenklang und herzzerreißenden Rebellenballaden, mit alten Männern am Tresen, mit Pferdekutschen und Gaslaternen. Zugegeben, all das findet man auch, aber Dublin ist viel mehr. Und heute eben auch viel aufregender als jenes museale Bild der kleinen Hauptstadt am unterentwickelten und -drückten Westrand Europas. Die Stadt ist modern, die Einwohner sind eher jung, die Atmosphäre meistens entspannt, der Lebensstil einerseits noch heimelig altmodisch, andererseits am »Puls der Zeit«. Dublin ist schon lange nicht mehr der »Big Smoke« des europäischen Armenhauses. Allerdings ist die Stadt seit dem massiven Crash von 2008 auch nicht mehr nur der Durchlauferhitzer für ausländisches Kapital, der bevorzugte Briefkastenstandort für steuerscheue Großbanken und -unternehmen. Man erfindet sich eben ständig neu. Wobei sich die alteingesessenen Dubliner selbst treu bleiben, ihren Lokalpatriotismus hellblau-dunkelblau vor sich her tragend, ihrer Nachbarschaft mehr verpflichtet als dem Begriff »Irland«. Wobei sie aber wiederum für Irland ihr letztes, naja, zumindest ihr vorletztes Hemd geben würden. Dublin ist die Stadt, die nicht in eine Schublade passt – die Stadt der spannenden Gegensätze.

By the way ...

Oft wird erzählt, Dublin sei der englische Name der irischen Hauptstadt, der irische dagegen Baile Átha Cliath. Unsinn. Beide Namen sind irisch, »Dubh Linn« stand für den »schwarzen Pfuhl« (an dem die Wikinger ihre Kolonie einrichteten), Baile Átha Cliath beschreibt die »Stadt an der Furt der Schilfhürden«. Und eigentlich eine irische Siedlung neben Dubh Linn.

Dublin in Zahlen

4,25

Dollar (umgerechnet) kostet der Big Mac in Dublin, etwa 10 % mehr als in Deutschland

15

km/h ist die durchschnittliche Geschwindigkeit in Dublin, genauso ›schnell‹ wie im notorisch verstopften New York

17

°C ist die durchschnittliche Dubliner Temperatur im Juli, 0,2 °C wärmer als in Hamburg

36

Jahre ist das Durchschnittsalter der Dubliner, Deutschlands jüngster Ort Vechta kommt auf über 40

115

km² groß ist Dublin City, kleiner als Kiel, größer als Kassel

198

kcal hat ein Glas Guinness, Apfelsaft hat 262

23

Brücken überqueren die Liffey im Dubliner Stadtbereich, mehr als die Themse in London

22

Postbezirke gibt es in Dublin, echt irisch durchnummeriert von D1 bis D24

707

ha groß ist der Phoenix Park, das ist mehr als die doppelte Fläche des New Yorker Central Parks

733

mm Regen fallen in Dublin jedes Jahr, etwa so viel wie in Baden-Württemberg

30 581

Polen leben in Dublin, die größte nicht-irische Minderheit

950

Busse fahren für Dublin Bus im Linienverkehr, nur Berlin hat in Deutschland mehr

82 300

Sitze hat das Croke Park Stadium, mehr als jedes deutsche Fußballstadion

1362

kcal hat das Irish Breakfast, 400 mehr als ein Schnitzel mit Pommes

527 612

Einwohnerzahl von Dublin City, etwa so viele wie Dresden

1 500 000

Menschen sind auf dem Friedhof von Glasnevin begraben, etwa so viele wie in Hamburg-Ohlsdorf, auf nur einem Achtel der Fläche

21 329

€ sind das durchschnittliche jährliche Nettoeinkommen in Dublin, das höchste in Irland

3 000 000

Pint Guinness werden täglich in Dublin gebraut, mehr als dreimal der Tagesverbrauch Bier auf dem Oktoberfest

Was ist wo?

Dublins Innenstadt können Besucher einfach, bequem und kostensparend erkunden – nämlich per pedes. Trotz seiner Bedeutung für Irland hat Dublin die Dimensionen einer kleineren Stadt auf dem Kontinent. Und von einem Ende dieser Kleinstadt zum anderen läuft man vielleicht 30 Minuten.

Dublin City

Dublin's Herz, also die eigentliche Dublin City mit ihren wesentlichen Sehenswürdigkeiten, wird am einfachsten durch die zwei Kanäle definiert: Der Royal Canal im Norden, der Grand Canal im Süden, ihre Schleusen in die Liffey im Osten – das sind die wesentlichen Grenzen. Ergänzt durch den Phoenix Park und die riesige Guinness-Brauerei im Westen. Mitten durch diese urbane Blase zieht sich die Liffey, einst Lebensader, heute mehr Verkehrshindernis (und langsam von Brücken fast in einen Tunnel verwandelt). Die Liffey definiert auch Northside und Southside, eben die Gebiete nördlich bzw. südlich des Flusses. Und traditionell jeweils die Heimat der Gangster und Banker. Wobei sich dies schon lange vermischt hat und kaum noch zu unterscheiden ist. Demographisch wie auch (teilweise) in den Methoden der Wohlstandsmehrung.

Innenstadt

Die **Northside** hat ihr Zentrum des Interesses in der O'Connell Street (🕮 G 4), einst Europas breitester Boulevard. Zusammen mit den sie am Spire treffenden Seitenstraßen Henry Street und Earl Street North, sowie dem im Norden anschließenden Parnell Square, bildet sie das (oftmals sehr laut und heftig pochende) Herz der nördlichen Innenstadt. Auf der **Southside** ist es oft gesetzter, auch komplizierter, denn zwischen Trinity College (🕮 G 5), South Great George's Street, St. Stephen's Green und Merrion Square schwanken die Schwerpunkte – Kultur und Kommerz, Politik und Pubs liegen hier dicht beisammen, aber oft in definierbaren Sphären. Grob gesagt ist der westliche Bereich Dublins Einkaufsmeile, der östliche Bereich georgianisches Erbe, dazwischen die Park- und Museumslandschaft, und nördlich davon … eben Trinity College. In der Mitte die Politiker, manchmal recht im Weg.

Im Weg ist auch die **Liffey,** zumindest für die Eiligen und die Autofahrer, aber mit der Entwicklung der Boardwalks, also Flanierbalkonen über dem Wasser, hat Dublin hier aus der Not eine Tugend gemacht. Und einen angenehmen Wanderweg geschaffen. **Temple Bar** (🕮 F/G 5) bildet einen ganz eigenen Schwerpunkt südlich der Liffey, oft mit der Pariser Rive Gauche – auf Englisch Left Bank – verglichen, bis hin zur Verwendung desselben Namens (wobei Temple Bar nun mal die Right Bank wäre, aber das sind im Marketing unwichtige Details). Dublins selbsternanntes Kulturviertel, eine Kneipenlandschaft.

Randbereiche

Eine interessante Eigenschaft Dublins ist die Aufsplitterung der Stadt in kleine Nachbarschaften, die schon fast eigene Dörfer bilden können – mit Kirche, Kaufmann, Postamt, Kneipe und (unerlässlich in Irland) Buchmacher. Viele haben sich auch einen ganz speziellen Lokalpatriotismus bewahrt, man kommt eben aus **Phibsboro(ugh), Cabra, Glasnevin** oder **Drumcondra,** nicht aus Dublin. Diese direkt nebeneinander liegenden Bereiche nördlich des **Parnell Square** (🕮 G 4) sind noch ›Dublin pur‹, nur wenig abgestaubt und aufgepolstert, an die Zeit vor dem großen Boom des

Celtic Tiger erinnernd. Für Besucher sind hier allenfalls die Botanischen Gärten und der riesige Friedhof von Glasnevin anziehend. Ähnlich verhält es sich mit den **Docklands,** (🕮 H–L 4) östlich des Custom House. Auch wenn hier mit den entlang der Liffey entstandenen Prachtbauten der Banken und Konzerne die größten Veränderungen zu sehen sind – wirklich aufregend ist anders … Einige der für die oft importierten Arbeitskräfte errichteten Wohnblöcke galten schon nach wenigen Jahren als sanierungsbedürftig, und richtiges Leben ist hier nur in der Mittagspause. Im Süden ist **»Dublin 4«** dann schon eine bessere, teils sehenswerte Adresse – Ballsbridge, Donnybrook, Ranelagh und Rathmines, alle jenseits des Grand Canal gelegen, sind die ›leafy suburbs‹ der oberen Mittelklasse. Botschaften, Hotels, die RDS Showgrounds und so manches Restaurant locken Besucher an. Westlich der Guinness-Brauerei dagegen … ja, Kilmainham mit dem IMMA und dem Knast, vielleicht noch die Irish National War Memorial Gardens, das war es dann auch schon. Und am besten kommt man hier mit dem Bus hin.

Dublins Vororte

Von den zahlreichen Vororten sind viele nur durch Einkaufszentren bekannt – etwa Blanchardstown oder Quarryvale (Liffey Valley). Swords punktet durch einen Rundturm und eine Burg, Malahide hat sein Schloss, Skerries die Windmühlen. Wirkliche Publikumsmagnete sind dies nicht.

Eher schon **Howth,** (🕮 Karte 4) am Nordende der Dublin Bay, ein fast verträumter Fischereihafen mit enormem Potential für den Besucher. Oder das südliche Pendant **Dún Laoghaire,** (🕮 Karte 4) etwas an die Riviera erinnernd – wenn da das Wetter nicht wäre.

Apropos Wetter: Was jeder Dublin-Besucher braucht, sind gute Schuhe, die auch Kopfsteinpflaster und Nässe vertragen. Und natürlich einen Regenschutz. Lassen Sie den Schirm aber gleich daheim – dank Dublins Wind landet er sonst ohnehin im Mülleimer. Auch so eine Sache ›typisch Dublin‹.

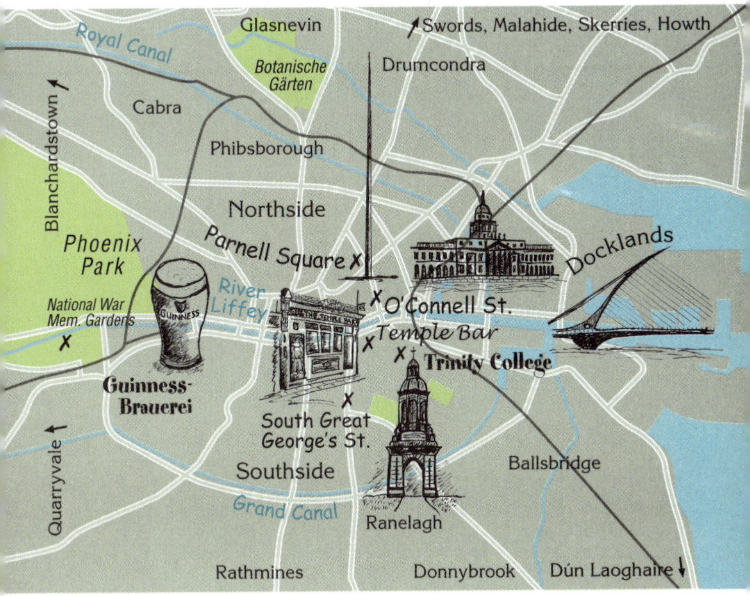

Neue Architektur

Architektur in Dublin? Da denkt man meist zuerst an die Relikte aus dem 18. Jh., an das georgianische Dublin. Aber Dublin ist auch mit der Zeit gegangen. Am ungenutzten Hafenbecken des Grand Canal etwa durfte Daniel Libeskind das Bord Gáis Energy Theatre errichten. Und der Platz davor liefert zusätzlich bunte Akzente. Wie ein Bambuswald aus Stahl, knallrot anstatt immer nur irisch-grün. Mehr zu Dublins oft aufregender Architektur erfahren Sie auf S. 82.

BORD

CHILDRENS CLOTHES
CLEARANCE
Bonny
Mando
PEPPERS

Lebende Tradition

›Traditionell‹ – das ist der Begriff, den die meisten Partytouristen allenfalls mit der Musik verbinden: Gefiedel, Geschrumme und im Text immer mindestens ein heroischer Ire, eine jungfräuliche Maid und der böse Engländer. Dabei hat Dublin doch viel lebendigere Tradition, richtig zum Anfassen. Wenn etwa der Gemüselieferant am mittlerweile multikulturellen Markt in der Moore Street (▶ S. 29) auftaucht, dann auch heute noch oft mit nur einer Pferdestärke. So schnell verdirbt das Grün ja auch nicht.

Natur nah

Nach Irland, der Natur wegen? Dann muss man sich gar nicht groß aus Dublin herausbemühen, denn auch die Hauptstadt hat naturnahe Plätze und noch viele wilde Ecken. Angefangen bei den zahlreichen Parks, von denen der Phoenix Park (► S. 67) schon in der weltweiten Königsklasse liegt. Aber immer noch gezähmt. Ganz im Gegensatz zu den Klippen auf Howth Head (► S. 74), wo das Baily Lighthouse die Dublin Bay, und damit die Einfahrt zum Hafen von Dublin, seit Napoleons Zeiten stoisch bewacht.

Ihr Dublin-Kompass

WOMIT FANGE ICH AN?

#1
Schrein für Bibliophile **– Trinity College**

#2
Lebensader und Grenzlinie – **entlang des Liffey River**

Flusslauf

#3
Wo Dublins multikulturelles Herz schlägt **– O'Connell Street**

VOM MARKT ZUM Basar

kein MUSS aber ein sehr lohnendes KANN

#12
Hier wird einem nichts geschenkt – **im Guinness Storehouse**

IRLANDS SCHWARZES GOLD

#13
Vom Jagdrevier zur Freizeitanlage – **Phoenix Park**

ab in einen der größten Parks der Welt

#14
Kurzurlaub an Dublins kleiner Riviera – **Dún Laoghaire**

URLAUB IM SÜDEN? HIER DIE IRISCHE VARIANTE

#15
Halbinsel mit Weitblick – **Howth**

Dem ländlichen Irland schon sehr nah

#4

Auf Odyssee mit James Joyce – **durch Dublins Nordstadt**

100% JAMES JOYCE

#5

Mehr als Kneipen-Kultur? – **Temple Bar**

VOM ABRISSGEBIET ZUR PARTYMEILE

#6

Mehr als nur Shopping – **Grafton Street und Umgebung**

SHOP 'N' POP

#7

Von alten Meistern und toten Tieren – **in Dublins Kulturviertel**

Museen, Galerien UND DAZU EINIGE BILLARD SPIELENDE AFFEN

GAME OF DOORS

#8

Bunte Türen inklusive – **das georgianische Dublin**

WERDEN TEXTE SO FLÜSSIGER?

#9

Einmal quer durch die City – **Dublins Literatur-Pubs**

»GREAT ...?«

KRYPTA MIT KATZENMUMIE

#11

Mittelalterliches Dublin – **im Westen der Innenstadt**

#10

Am Puls der Kolonialmacht – **Dublin Castle**

#1

Schrein für Bibliophile – **Trinity College**

Der Heilige Patrick, sagt man, hat die Schlangen aus Irland vertrieben – am altehrwürdigen Trinity College muss er jedoch eine übersehen haben. Und zwar die Schlange, die sich schön regelmäßig zum »Book of Kells« bildet. Die teilweise einige hundert Meter aus dem Bibliotheksgebäude herausreicht. Vor allem der zeitknappe Besucher fragt sich dann schnell: »Lohnt die Ansteherei?«

Ja, sie lohnt sich. Aber eigentlich nur, wenn man unbedingt alles gesehen haben muss. Oder wenn man ein echtes Interesse an diesem Buch hat. Dublin besuchen, ohne dieses Manuskript zu sehen, das ist wie Paris ohne Mona Lisa. Irgendwie unvollständig. Aber auch kein Beinbruch.

Die Universitätsbibliothek des Trinity College beherbergt insgesamt 4,5 Mio. Bücher.

Der Campus mit dem Campanile

Eines der ersten Probleme ist allerdings oft schlicht die Frage, wie man denn in das Trinity College hineinkommt. Das sich fast festungsartig gegen den Rest Dublins abschottende Gelände hat acht Eingänge, alle mehr oder minder unauffällig. Für den aus Richtung Kildare Street kommenden Besucher am praktischsten ist der Eingang von der Nassau Street, eine Art Tunnel. Der **Haupteingang** 1 dagegen ist am College Green – dabei ist der ›Haupteingang‹ lediglich eine massive, eher schlicht gehaltene Massivholztür im Regent House. Flankiert durch Statuen der ehemaligen Studenten Edmund Burke (Philosoph und Politiker, 1729–1797) und Oliver Goldsmith (Schriftsteller, 1728–1774).

Hinter der Tür findet sich ein holzgepflasterter Vorraum, der dann als Passage wiederum in den Innenhof des Trinity College führt. Und sofort den Blick auf die klassische Postkartenansicht freigibt: Auf der dem Regent House gegenüberliegenden Seite des Parliament Square thront der 30 m hohe **Campanile** 2, 1853 von Sir Charles Lanyon als Glockenturm errichtet.

Wer eine Führung durch das Trinity College will, kann in den Sommermonaten gleich hier an einem kleinen Schalter buchen – und wird dann bald von einem Studenten in Kleingruppe über den Campus geleitet. Und mit meistens recht kurzweiligen Informationen und Geschichten der Geschichte des Ortes nahegebracht. Aber auch ohne Führung lässt sich Trinity College leicht erleben.

Am besten beginnend im Parliament Square – wo sich zwei identische Gebäude im klassischen Stil gegenüberstehen. Mit dem Rücken zum Regent House sind dies die **Kapelle** 3 links, rechts die **Examination Hall** 4. Hinter der Kapelle, leicht versteckt, ist die seit 1761 als Mensa genutzte Dining Hall – und zwischen den beiden Gebäuden findet sich eine Kuriosität. Chaloner's Corner mit seinen wenigen Monumenten ist Dublins kleinster Friedhof. Hier wurden einige wenige Professoren begraben, die sich nicht von der Uni trennen konnten.

Die meisten Blicke zieht jedoch nach wie vor der hohe Campanile auf sich, Hintergrund unzähliger Selfies. Den man ohne störende Tou-

Ü
ÜBRIGENS

Trinity College und Religion – der Grund und Boden war bis zur Zwangsauflösung unter Heinrich VIII (dem ersten englischen »König von Irland«) ein Augustinerkloster. Tochter Königin Elisabeth I. nutzte dies dann 1592 zur Gründung des »College of the Holy and Undivided Trinity of Queen Elizabeth near Dublin« explizit als »Sitz protestantischer Gelehrsamkeit«. Katholische Studenten wurden erst in den letzten Jahren des 18. Jh. aufgenommen. Allerdings auch nur, wenn sie den Zorn der eigenen Kirche auf sich ziehen wollten, denn die katholischen Dubliner Erzbischöfe fürchteten um das Seelenheil ihrer Schäflein und verhängten wiederholt einen Bann gegen Trinity. Erst 1970 wurde dieses Diktat unwirksam. Im Gegenzug ließ Elisabeths Uni erstmals einen katholischen Studentenpfarrer zu.

Arnaldo Pomodoros Skulptur »Sphere Within Sphere« gibt es in unterschiedlichen Ausführungen an einem Dutzend verschiedener Orte zu sehen, darunter im UNO-Hauptquartier in New York oder auch im Vatikanischen Museum.

risten recht gut vom begrünten Library Square ›dahinter‹ aufnehmen kann. Hier ist auch eine rundliche Installation von Henry Moore zu sehen. Und am Ostende des Library Square, der vom Graduate Memorial Building im Norden und der Old Library im Süden begrenzt wird, stehen die **Rubrics** 5. Vor denen man im Dunkeln schon mal dem Geist des Edward Ford begegnen kann, 1734 von angetrunkenen Studenten erschossen. Damals waren die Gebäude fast noch neu, sie wurden um 1700 aus Backstein, mit ihren charakteristischen sechseckigen Kaminen, errichtet. Erst 1894 wurden sie mit den am holländischen Baustil orientierten Giebeln verziert. Heute die vielleicht interessantesten Fassaden im Trinity College, gerade durch ihre relativ einfach gehaltene Bauweise. Östlich der Rubrics dagegen wird es weitgehend uninteressant, allenfalls das 1857 errichtete und an Venedig erinnernde Museum Building ist einen Blick wert, dazu die goldfarbene Skulptur »Sphere within Sphere« von Arnaldo Pomodoro.

Der Campanile von 1853

Besuchermagnet Book of Kells

Die meisten Besucher wenden sich ohnehin flugs der Old Library zu, die schließlich auch den größten Kunstschatz des Trinity College verwahrt. Oft der Grund des Besuches an sich: das weltberühmte **Book of Kells** 6.

Der Eingang ist am Fellows' Square, die Warteschlange zieht sich zur Hauptreisezeit oft genug am Gebäude entlang. Gewartet wird auf den Einlass in die alte Bibliothek, die durch ihren altmodischen und wirklich beeindruckenden Long Room von 64 m Länge begeistert. Die Heimat von rund 200 000 Büchern, meist alt und wertvoll. Und man kann die Harfe Brian Borus sehen – die er zwar nie in Händen hielt, die aber auf das 14. Jh. datiert wird und somit eine der ältesten erhaltenen Harfen Irlands ist – und ein Staatssymbol.

Es ist allerdings ein einzelnes Buch, das den echten Besuchermagneten darstellt. Eben das Buch von Kells. Welches eigentlich nicht so ganz irisch ist, denn es wurde wahrscheinlich im 8. Jh. in Schottland geschaffen, im (allerdings von Iren gegründeten) Kloster auf der Insel Iona. Als dort die Wikinger vorbeischauten, brachten Mönche das Manuskript nach Irland, zum Kloster von Kells (County Meath). Dort wurde es bis 1654 in der Gemeindekirche verwahrt, Cromwells Umwidmung dieser zum Pferdestall führte dazu, dass 1661 das Buch dem Trinity College in Verantwortung gegeben wurde. Seit dem 19. Jh. ist es hier zu besichtigen, heute jeweils eine Doppelseite aus zwei der insgesamt vier Buchteile (die seit den 1950ern als separate Bindungen bestehen).

Illustration des Evangelisten Matthäus im Book of Kells

INFOS/ÖFFNUNGSZEITEN

College Green 1: www.tcd.ie, Haupteingang 7–24 Uhr, kostenpflichtig nur Old Library (Book of Kells), Okt.–Mai Mo–Sa 9.30–17, So 12–16.30, Juni–Sept. Mo–Sa 9–18, So 9.30–18 Uhr, Erw. 10 €.

SOUVENIRS MIT BILDUNGSANSPRUCH

Der gut sortierte Museumsladen in der **Old Library** 6 bietet alles rund um das Book of Kells an, von Nippes bis zu aufwendigen Reproduktionen und wissenschaftlichen Betrachtungen.

KULINARISCHES FÜR ZWISCHENDRIN

Guten Kaffee und Sandwiches kann man im **Café im Arts Block** 1 bekommen – direkt neben der Passage vom Fellows' Square zur Dawson Street, Mo–Do 8–19, Fr 8–18 Uhr.

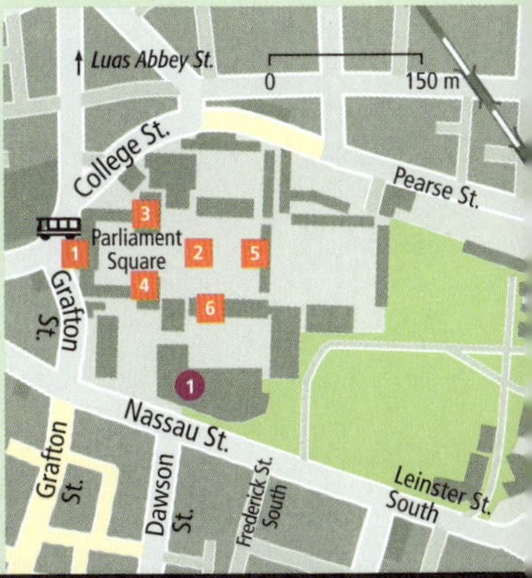

Cityplan: Karte 2, G 5 | **LUAS** Abbey Street

Abgeschirmt wie eine Festung – Trinity College

B
BORU

Wer war eigentlich Brian Boru, der Mann, nach dem die berühmte Harfe in der Bibliothek benannt ist? In der populären Kurzform war er der irische Hochkönig, der die Wikinger besiegte. Tatsächlich schaffte es Brian Boru, sich zwischen 1002 und 1014 zu einem der wichtigsten Herrscher Irlands hochzukämpfen, Titel »Kaiser der Iren«. Die anderen rund 150 irischen Könige duldeten ihn, weitgehend.
1014 musste er gegen eine Armee aus irischen Rebellen und Wikingern antreten. Die er bei Clontarf vernichtend schlug – nur um beim Dankesgebet in seinem Zelt Opfer eines Meuchelmörders zu werden.

Und was ist das Besondere? Das Book of Kells gilt als Schatz der abendländischen Buchmalerei, als das schönste Manuskript in irischen Sammlungen. Was das Buch einmalig macht, sind seine aufwendige Kalligrafie und die zahlreichen Ornamente, von kleinen Szenen über Tiermotive bis hin zu ›keltischen‹ Flechtwerkmustern. Beeindruckend sind auch die leuchtenden Farben, die auf den 340 Pergamentseiten heute noch deutlich erkennbar sind. Farben, die im 8. Jh. keineswegs beim Hobbybedarf um die Ecke gekauft werden konnten – eine Analyse hat etwa ergeben, dass ein besonders kräftiger Blauton mit Hilfe gemahlener Lapislazuli möglich wurde. Der dafür verwendete Lasurstein stammte aus Afghanistan!

Viel Muße für eine auch nur annähernd so genaue Analyse des Buches bleibt dem Besucher heute aber nicht. Nach der fast obligatorischen Wartezeit wird man direkt vor einen gläsernen Buchschrein gelenkt, hier ist dann ein kurzer Blick auf die jeweils zwei aufgeschlagenen Seiten möglich – in der Regel zwei ›normale‹ Manuskriptseiten und eine der prachtvoll verzierten Seiten. Die dezente Aufforderung, den Nachfolgenden Platz zu machen, erfolgt relativ schnell. Im Long Room geht es dann entspannter zu, hier kann man auch etwas länger verweilen.

Lebensader und Grenzlinie – **entlang des Liffey River**

#2

»I remember that summer in Dublin, and the Liffey as it stank like hell …« – der Refrain des Schunkelschlagers von 1980 bringt Erinnerungen zurück. Nicht nur an die Gruppe »Bagatelle«, sondern auch an meinen ersten Besuch in Dublin 1982. Da stank die Liffey nämlich wirklich noch. Heute ist das, von wenigen Ausnahmen einmal abgesehen, pure Dublin-Nostalgie.

Der Fluss, der die Stadt teilt, der aber auch zu ihrer Gründung führte und lange ihre Lebensader war, hat sich regeneriert, in vielerlei Hinsicht. Und lädt zum Spaziergang durch Dublins Mitte geradezu ein. Meine favorisierte Route ist immer nach Dublin hinein, also vom Meer weg. Die beste Zeit ist der frühe Morgen am Sonn- oder Feiertag, wenn man so gut wie allein ist.

Die Ha'penny Bridge erhielt ihren Namen aufgrund der früher zu entrichtenden Fußgängermaut – ihre offizielle (und im Alltag kaum verwendete) Bezeichnung lautet jedoch Liffey Bridge.

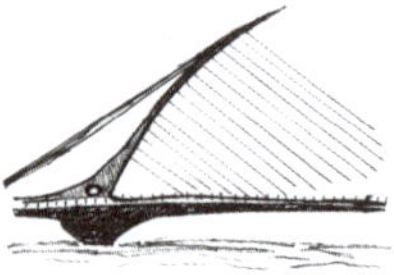

Samuel Beckett Bridge

Custom House und Umgebung

Beginnen kann man an der **Sean O'Casey Bridge** 1, einer reinen Fußgängerbrücke mit leicht schwankendem Boden. Flussab sind die **Samuel Beckett Bridge** 2, an eine Harfe erinnernd, und das moderne **Convention Centre,** »The Tube in the Cube« 3, zu sehen. Und die **Jeanie Johnston** 4, Nachbau eines der Emigrantenschiffe, die sich im 19. Jh. gewissermaßen im Pendelverkehr zwischen Irland und Nordamerika den Namen ›coffin ships‹, Sargschiffe, erarbeiteten. Das Schiff ist im Rahmen einer (sehr interessanten) Führung zugänglich, leidet jedoch deutlich unter dem unentwegt nagenden Zahn der Zeit.

Das **Famine Memorial** 5, Bronzestatuen abgerissener Gestalten als beeindruckendes Mahnmal, steht am International Financial Services Centre

INFOS/ÖFFNUNGSZEITEN

Jeanie Johnston 4: Custom House Quay, T 01 473 01 11, www.jeanie johnston.ie, Touren tgl. 11, 12, 14 und 15 Uhr, Erw. 9,50 €.

DASSELBE IM BOOT?

Wer mag, kann etwa dieselbe Strecke (außer im Winter) auch mit dem Boot von **Dublin Discovered** 1 fahren – was sich am ehesten bei höherem Wasserstand lohnt.

Bachelors Walk: T 01 473 00 00, www.dublindiscovered.ie, tgl. mehrere Abfahrten, Erw. 14 €.

KULINARISCHES FÜR ZWISCHENDRIN

Sowohl das **chq Building** 1 direkt an der Sean O'Casey Bridge (chq.ie) wie auch die **Bloom Lane** 10 an der Millennium Bridge bieten zahlreiche Cafés und Restaurants für einen Happen zwischendurch – zumindest tagsüber ist immer etwas geöffnet.

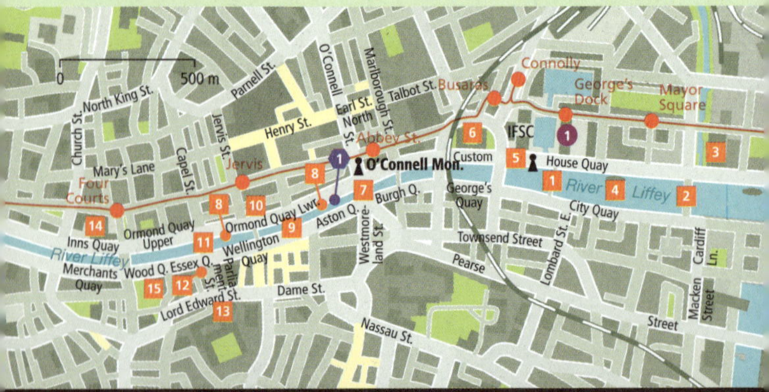

Cityplan: F–H 4/5 | **LUAS** Four Courts, Jervis, Abbey Street, Busaras, Connolly, George's Dock und Mayor Square

(IFSC), in dem Vermögen verwaltet, umgeschichtet, an der Steuer vorbei gelotst und dabei gelegentlich auch vernichtet werden.

Dabei steht das **Custom House** 6, ehemals Sitz der Steuerbehörden, seit Jahrhunderten nur wenig Meter flussaufwärts entfernt – erbaut zwischen 1781 und 1791 durch den Architekten James Gandon, eine der typischen Postkartenansichten Dublins.

O'Connell und Ha'penny Bridge – die wahre Stadtmitte

Breiter als lang quert bald die **O'Connell Bridge** 7, erbaut durch James Gandon zwischen 1791 und 1794. Ihre jetzige Form bekam sie jedoch um 1880, bei der Wiedereröffnung erhielt sie dann auch ihren heutigen Namen. Direkt neben ihr blickt streng »der Befreier«, Daniel O'Connell, selber als Statue auf den Fluss. Von ihr hat man auch einen schönen Blick auf Dublins wohl bekannteste Brücke, die man über den **Liffey Boardwalk** 8 schnell erreicht – die Ha'penny Bridge.

Eigentlich wurde die gusseiserne **Ha'penny Bridge** 9 1816 als Wellington Bridge errichtet, ihren Spitznamen erhielt sie durch den Brückenzoll, eben einen halben Penny (heute wohl rund 2,50 €). Die kühn sich über die Liffey schwingende, 43 Meter lange, aber nur 335 cm breite Brücke ist beliebter Treffpunkt und oft der kürzeste Weg ins Herz von Temple Bar. Und natürlich romantisch … der grassierenden Seuche der ›Liebesschlösser‹ machte Dublin jedoch 2012 mit dem Schwingschleifer den Garaus. Die metallenen Ewigkeitsindikatoren bedrohten die strukturelle Integrität des fast 200 Jahre alten Geländers, mehr als 300 kg von ihnen wanderten auf den Schrottplatz.

L
LIFFEY

In den letzten Jahren ist das Wasser, das die Liffey herunterkommt, weitaus besser geworden. Und das liegt ausgerechnet an der vermehrten Industrieansiedlung flussaufwärts. Großfirmen aus dem High-Tech-Sektor errichteten eigene Kläranlagen, aus denen Abwässer sauberer als vor der Nutzung in die Liffey geleitet werden.

Ganz wird man sie eben doch nicht los, die romantischen Seelen und ihre Schlösser …

Modernes Dublin

Die nächste Brücke, die 1999 installierte und nur für Fußgänger zugelassene Millennium Bridge, mündet in das **›Italian Quarter‹**, einige Geschäfte, Bars und Restaurants entlang der **Bloom Lane** 10. Ein Plan, der viel versprach, aber auf Dauer wenig hielt – zumal der einst gefeierte Bauherr spektakulär in die Pleite ging.

Dem Liffey Boardwalk weiter folgend, kann man am Südufer rechts von der Millennium Bridge einen vergitterten Tunneleingang in der Kaimauer entdecken (zumindest bei Niedrigwasser). Hier mündet der unterirdisch kanalisierte **Fluss Poddle,** einer der ›lost rivers of Dublin‹, in die Liffey – und markiert die Stelle, an der die Wikinger ihre Stadt gründeten.

Weiter flussaufwärts gelangt man dann zur **Grattan Bridge** 11, 2004 aufwendig umgebaut. Hier wollte Dublin einen »Buchmarkt europäischer Art« einrichten, importierte in Spanien gebaute Kioske, setzte die auf die Brücke und gab bekannt, dass man nun eine zeitgenössische Version der Ponte Vecchio in Florenz geschaffen habe. Die als »visueller Vandalismus« kritisierten Kioske erwiesen sich als Flop, irgendwann verschwanden sie sang- und klanglos. In der Toskana lacht man wahrscheinlich heute noch.

Ü ÜBRIGENS

Als der Celtic Tiger noch atmete, sollte die Liffey auch ihm dienen. So wurde vollmundig angekündigt, es werde bald Linienflüge mit Wasserflugzeugen direkt ins Herz von Dublin geben. Noch phantastischer war die Idee, entlang und über der Liffey eine Seilbahn verkehren zu lassen, an 80 Meter hohen Stahlträgern. Und auch der U2 Tower, Bonos privater Wolkenkratzer in der Nähe der Samuel Beckett Bridge, wollte hoch hinaus … alles schöne (?) Pläne, die heute in den Akten schlummern.

Waschtag bei Lord Lever

Unbedingt einen Blick wert ist aber das auffällige Gebäude gegenüber dem Südende, die sogenannten **Sunlight Chambers** 12. Hier hatte der Waschmittelmagnat Lord Lever sein Dubliner Büro. Er ließ das Eckgebäude 1902 von Edward Ould erbauen und dann von Conrad Dressler mit der Geschichte der Hygiene in langen Friesen verzieren. Dublin war nicht gerade begeistert, und auch heute noch wirkt das Gebäude fremdartig, wenn auch faszinierend. Vor allem im Vergleich zur fast klassischen **City Hall** 13, die man am oberen Ende der Parliament Street sehen kann.

Weiter flussaufwärts sieht man jetzt auch an der Nordseite die imposanten Gerichtsgebäude der **Four Courts** 14, zwischen 1786 und 1802 von Thomas Cooley und James Gandon erbaut, während an der Südseite die brutal moderne Architektur der **Dublin City Council's Civic Offices** 15 aus den 1970ern dominiert.

Wo Dublins multikulturelles Herz schlägt – **O'Connell Street**

#3

Rund um die altehrwürdige O'Connell Street, für viele mehr Durchgangsstraße denn Verweilzone, schlägt das Herz Dublins. Wohl keine Ecke der irischen Hauptstadt zeigt so viele Kontraste, hat sich solche Bodenständigkeit inmitten von Renovierung und Neubauten erhalten. Nicht unbedingt ›schön‹, aber auf jeden Fall interessant.

Wie einst Molly Malone preisen zahlreiche Dublinerinnen auf dem **Moore Street Market** 1 ihre Tagesangebote laut an. Der lebendige Markt mitten in der Northside, nur einen Tomatenwurf von der O'Connell Street entfernt, ist vielleicht das ursprünglichste Stück Dublin, das man heute noch finden kann.

Zugegeben, ganz so ursprünglich wie 1949 sieht es auf der Moore Street heute nicht mehr aus – aber der dortige Straßenmarkt ist in jedem Fall ein authentisches Stück Dublin.

General Post Office 6: Mo–Sa 8.30–18 Uhr.

KULINARISCHES FÜR ZWISCHENDRIN

Ein kleiner Geheimtipp ist das Café im obersten Geschoss von **Eason's** 1, 40 O'Connell Street, in dem man mit Glück sogar einen Fensterplatz bekommen kann. Mo–Sa 9–17 Uhr.

BÜCHERPARADIES ZUM STÖBERN

Ein Besuch bei **Chapters** 1 in der Parnell Street (gegenüber Moore Street) ist für Leseratten Pflicht. Irlands größter unabhängiger Buchladen bietet Neuware zu günstigen Preisen (Buchpreisbindung kennt Irland nicht) und Restauflagen für wenig Geld, auch Bücher, CDs und DVDs aus zweiter Hand. www.chapters.ie, Mo–Sa 9.30–18.30, So 12–18.30 Uhr.

ÖFFNUNGSZEITEN

Moore Street Market 1: Mo–Sa 8–16 Uhr.
Garden of Remembrance 3: tgl. 8.30–18 Uhr.

Cityplan: Karte 2, F/G 4 | **LUAS** Abbey Street

Charles Stewart Parnell, Vorsitzender der Irish Parliamentary Party, war einer der wichtigsten Iren des 19. Jh. Der Nationalheld wird mitunter als ›ungekrönter König von Irland‹ bezeichnet. Auf seinem Grab auf dem Glasnevin Cemetery steht schlicht: PARNELL.

Ein Stück altes Dublin, das dennoch mit der Zeit gegangen ist. Zwar bietet der Straßenmarkt selber immer noch die weichsten Gemüsereste, gerade noch für eine Suppe gut und oft noch mit dem Pferdewagen angeliefert. Aber heute ist die Moore Street auch das Zentrum des multikulturellen Dublin. Wo der chinesische Minimarkt neben dem altmodischen irischen Schlachter besteht, wo sich selbst der Lidl wie eine schützende Glucke über Immigrantenläden etabliert hat. Wo Fleisch *halal* ist, die Importzigarette aber nicht unbedingt koscher.

Platz der Republik

An der Kreuzung Parnell Street/O'Connell Street liegt der Parnell Square, mit der imposanten **Parnell-Statue** 2, dem historischen Rotunda Hospital (die älteste Geburtsklinik der Welt) und dem Büro von Sinn Fein, samt republikanischem Souvenirladen.

Der sehenswerte **Garden of Remembrance** 3, eine den Opfern des irischen Freiheitskampfes gewidmete Parkanlage am Nordende, kombiniert ›keltischen‹ Symbolismus und ein Standbild der Kinder des Lir, sich gerade in Schwäne verwandelnd.

Glaubensangelegenheiten

Erinnerungen an den zu extremer Selbstkasteiung neigenden Matt Talbot werden in der Kirche **Our Lady of Lourdes** 4 in der Sean McDermott Street gepflegt. Der ›Chained Saint‹ (nach der Abkehr vom Teufel Alkohol wickelte er sich zur Sühne Ketten um den Leib) ist hier in seinem Sarg zu besichtigen. Bis zur Heiligsprechung des 1925 gestorbenen Asketen mag es noch dauern – die Dubliner haben ihn jedoch schon zum Schutzpatron der Süchtigen erkoren.

Klassisches katholisches Martyrium dagegen manifestiert sich an der Ecke Cathedral Street und Marlborough Street, in den lebensgroßen, realistischen Standbildern der »Dublin Martyrs«, Bürgermeisterin Margaret Ball und Bürgermeister Francis Taylor, die 1584 bzw. 1621 für ihren katholischen Glauben das Leben ließen. Im Volksmund auch als ›Murdered Mayors‹ bekannt.

Ihre Standbilder befinden sich direkt neben der katholischen **Pro-Kathedrale St. Mary's** 5, 1825 im Zuge der Catholic Emancipation geweiht. Der volle Kathedralenstatus wird dem beeindruckenden, aber nicht unbedingt gelungenen Behelf aus kirchenpolitischen Gründen versagt – eigentlich besteht die katholische Kirche nach wie vor auf der Rückgabe der Christ Church Cathedral. Während der Messe am Sonntag singt hier der Palestrina Choir, Dublins bester Kirchenchor.

1916 im Postamt

Märtyrer politischer Art werden am **General Post Office** 6 verehrt, das trotz der Konkurrenz des **Spire** 7 (auch ›Needle‹ oder ›Stiletto in the Ghetto‹ genannt, 2003 fertiggestellt und mit über 120 m angeblich die höchste freistehende Skulptur der Welt) eigentlich die O'Connell Street beherrscht. 1916 rief hier Patrick Pearse unilateral die Irische Republik aus, in den darauffolgenden Gefechten wurde das Gebäude weitgehend zerstört, dann unter Erhaltung der originalen

The Spire, auch The Needle genannt ...

Ü
ÜBRIGENS

»Wie nennt man einen Northsider im Anzug? Angeklagter!« Solche Schenkelklopfer sind in Dublin nach wie vor en vogue, die alte Rivalität zwischen den Bewohnern der nördlichen Liffeyufer (den Northsidern eben) und denen am südlichen Ufer (ja, die Southsider) lebt. Aber ist sie noch realistisch? Eigentlich nicht. Früher war die Sache klar: Die Northside war arm, bei Konflikten eher mal zulangend, das Gesetz routinemäßig biegend und brechend. Auf der Southside wohnten dagegen die besser Betuchten, Konflikte übergab man dem Anwalt, der den Rahmen der Gesetze auszudehnen wusste. Die wirklich noch ›armen‹ und ›reichen‹ Gegenden sind heute zu kleinen Enklaven im Meer des Mittelstandes geschrumpft, teilweise komplett verschwunden. Was blieb, sind Witze und Vorurteile. Und manchmal das Gefühl, dass es nördlich der Liffey etwas rauer zugeht – wobei die Kriminalitätsrate auf der Southside höher ist. Könnte aber auch, so reden sich manche die Statistik schön, an den vielen Brücken liegen. Die hätten die Northsider eben mobiler gemacht.

Dublin gilt vielleicht nicht als Shopping-Paradies – die Einkaufsstraßen sind trotzdem immer gut besucht.

Fassade wieder aufgebaut. Heute ist es ein Postamt und der der nominelle Verwaltungssitz der irischen Post.

Die Schalterhalle ist in ihrer altmodischen Art immer noch sehenswert, auch wegen der Statue des irischen Helden Cuchullain (der sich sterbend an einen Baum fesselte, um das Ende im Stehen zu erleben und seine Feinde zu beeindrucken – was sich gut mit der Mythologie von Ostern 1916 ergänzt). Ein kleines Museum im Seitenflügel erzählt die revolutionäre Geschichte des GPO.

Dubliner Shopping-Tradition

Am GPO beginnt die Henry Street, die später in die Mary Street übergeht, Dublins beliebteste Einkaufsmeile mit den Einkaufszentren ILAC und Jervis Street und dem Traditionskaufhaus Arnott's. Bis hin zur Capel Street, wo wieder zahlreiche kleine und kleinste Läden mit internationalem Flair das Straßenbild beherrschen.

Vor allem am Vormittag lohnt es sich, den Weg zur Mary's Lane fortzusetzen, zum herrlich viktorianischen Obst- und Gemüsemarkt Dublins. Die Umwandlung des Marktes in eine Touristenattraktion ist angedacht – bislang jedoch ist Dublins multikulturelles Herz von der Gentrifizierung zum Glück noch weitgehend verschont.

Auf Odyssee mit James Joyce – **durch Dublins Nordstadt**

#4

Wer in Dublin nach James Joyce sucht, der wird ihn finden. Unweigerlich. Als Standbild gleich zweimal, als verehrungswürdige Gestalt in Ausstellungen und Museen dreifach, als Referenz für (vermeintliche) Sehenswürdigkeiten in Vielzahl. Aber wer von den durch Dublin pilgernden Joyce-Jüngern hat seine Werke komplett gelesen? Vor allem »Ulysses« wird oft nur auszugsweise konsumiert, bei »Dubliners« reichen ein, zwei Geschichten, und »Finnegans Wake« wird meist ungelesen als experimentell-epochal eingestuft.

Im Haus 19 Parnell Square North ist heute das **Dublin Writers Museum** 1 untergebracht. Dieses ist den zahlreichen ›ernsthaften‹ Schriftstellern der irischen Hauptstadt gewidmet, etwa Jonathan

Auf James Joyce stößt man in Dublin so gut wie überall – hier im St. Stephen's Green.

▶ INFOS & LESESTOFF

Man muss nicht unbedingt den **Ulysses** durch Dublin schleppen, moderne Technik macht es einfacher – unter www.gutenberg.org/ebooks/4300 kann man sich den Klassiker etwa auf das Smartphone laden, mit der Möglichkeit zur Textsuche unterwegs.

Swift, Brendan Behan oder James Joyce. Fotografien, Gemälde, Manuskripte, Briefe, seltene Erstausgaben, persönliche Gegenstände aus dem Nachlass sind zu sehen. Texten kann man per Audioguide lauschen – wobei der Griff zur Übersetzung dann doch ein Sakrileg darstellt.

In 35 North Great George's Street befindet sich das **James Joyce Centre** 2 in einem georgianischen Haus, im »Ulysses« erwähnt als Tanzschule. Die Ausstellung zeigt unter anderem Biografien verschiedener Figuren aus Joyce' Werken. Das Ambiente im Centre, komplett mit Einblicken in Joyce' Privatleben, bringen dem Besucher den Schriftsteller und sein teilweise extrem kompliziertes Werk näher. Hut ab!

Dublin und Joyce

Etwas nördlich des Centre finden sich zwei Pilgerstätten – am nördlichen Ende der North Great George's Street das **Belvedere College** 3, die Jesuitenschule, in der Joyce seine Grundbildung

INFOS/ÖFFNUNGSZEITEN

Dublin Writers Museum 1: T 01 872 20 77, www.writersmuseum.com, Mo–Sa 9.45–16.45, So 11–16.30 Uhr, Erw. 7,50 €.
James Joyce Centre 2: www.jamesjoyce.ie, Mo–Sa 10–17, So 12–17 Uhr (Okt.–März Mo geschl.), Erw. 5 €.

KULINARISCHES FÜR ZWISCHENDRIN

Wenn man schon mal da ist – das **Chapterhouse Café** im Dublin Writers Museum 1 ist ein paar ruhige Minuten wert, mit Kaffee, Tee, Sandwiches, Kuchen oder auch warmem Essen. Mo–Sa 10–16.45 Uhr.

Cityplan: F/G 3/4 | **LUAS** Jervis, Abbey Street

Der Bloomsday ist weltweit der einzige Feiertag, der einem Roman gewidmet ist.

bekam. Und in der Eccles Street, wo im Haus 7 Leopold und Molly Bloom ihre Wohnung hatten … eine Plakette an der Außenmauer des **Mater Hospital** 4 erinnert daran.

Auf dem Weg zurück in die Innenstadt kann man dann Joyce selber begegnen, ein lebensgroßes **Denkmal** 5 steht an der Ecke O'Connell Street und Earl Street North. Im Dubliner Volksmund ›The Prick with the Stick‹, jugendfrei übersetzt etwa ›der Nervbolzen mit dem Stock‹.

Weitere Erinnerungen an Joyce, oder öfter an sein Werk, findet man nahezu überall – eine Büste im St. Stephen's Green, 14 (mittlerweile extrem abgenutzte) Bronzeplaketten auf den Gehsteigen entlang der Bloom'schen Odyssee, hier ein Schild, da eine Wandmalerei.

Bloomsday für Alle

Das wahre Joyce-Fest findet am Bloomsday statt. Am 16. Juni – erinnernd an jenen 16. Juni 1904, an dem Leopold Bloom seine ganz persönliche Odyssee erlebte.

Dann ist der Joyce-Teufel los: Museen zeigen Ausstellungen zu Joyce, bieten Joyce-thematisierte Führungen an, mit Joyce oder »Ulysses« verbundene Sehenswürdigkeiten zeigen sich besonders herausgeputzt, in jeder Tageszeitung verbreitet die Literaturkolumne altbekannte Plattitüden, kündigt bahnbrechende neue Erkenntnisse an oder druckt zumindest einen kleinen Joyce-Führer zum Tage. In den Straßen sieht man sich plötzlich mit zu Leben erwachten Figuren aus dem Roman konfrontiert. Fans, die sich in zeitgenössische Kostüme zwängen und dann die Wege des Leopold Bloom zumindest teilweise nachvollziehen. An wichtigen Stellen aus dem Werk rezitierend.

B BY THE WAY

James Joyce ist der Dubliner an sich, hat seiner Heimatstadt literarische Denkmäler gesetzt, aber leben mochte er hier nicht wirklich. Das wird gerne unter den Teppich gekehrt, schadet dem Marketing. Tatsächlich ist Joyce schon 1904, mit gerade einmal 22 Jahren, aus Irland emigriert. Erst nach Österreich-Ungarn, dann in die Schweiz, anschließend nach Paris, und letztlich wieder, vor dem Blitzkrieg flüchtend, in die Schweiz – wo er mit 58 Jahren verstarb und beigesetzt wurde. Dublin war für Joyce nur noch Reiseziel, selbst das selten. Aber die Geburtsstadt wurde zur schriftstellerischen Obsession. Joyce' wichtigste Werke haben eigentlich nur ein zentrales Thema: Dublin, die Stadt und ihre Einwohner. Und da er nicht googlen konnte, bombardierte er Verwandte mit Detailfragen in Briefen. Peinlichst genau das Dublin verewigend, das er doch hinter sich lassen wollte.

5

Mehr als Kneipen-Kultur? – **Temple Bar**

Hier steppt der Leprechaun, strauchelt so mancher Kneipengast – in Temple Bar steht vor allem der leibliche Genuss im Vordergrund. Sprich Bier. Gewiss gibt sich das Marketing alle Mühe, die kulturellen Aspekte des ehemaligen Abrissgebietes zu betonen. Fakt ist jedoch: Die weitaus größte Zahl der Besucher will hier die Party bis zum Abwinken. Und findet sie.

Was aber genau ist Temple Bar? Das Stadtviertel wird in etwa begrenzt von der Liffey im Norden, der Westmoreland Street im Osten, der Dame Street im Süden und der Fishamble Street im Westen. Und alles war eigentlich zum Abriss freigegeben.

Eigentlich als St. Andrews Parish bekannt, ein Vorort des mittelalterlichen Dublin, außerhalb der Stadtmauern, ließen sich hier im 17. Jh. wohlhabende Familien nieder, aber schon wenige Jahre später wandelte sich Temple Bar zu einem Slum und Rotlichtviertel. Der Tiefpunkt? Um 1980 wollte

Tagsüber lässt es sich in Temple Bar hervorragend stöbern und entdecken, nachts wird das Viertel zur Partymeile.

die irische Eisenbahn Tabula Rasa und den ganzen Bezirk zum Busbahnhof machen.

Der Plan wurde allerdings aufgegeben, und die irische Regierung erhob Temple Bar zum dringlichen Sanierungsfall, um ein ›Kulturviertel‹ zu schaffen. Denn zahlreiche Künstler und Lebenskünstler hatten sich schon in den abbruchreifen Häusern eingenistet, die niedrigen Mieten machten es möglich.

Ziel erreicht?

Heute ist das Viertel allerdings mehr die ungehemmte Party-Meile der Hauptstadt. Die zahlreichen Pubs locken eine hauptsächlich junge, internationale Klientel an. Boheme bestimmt schon lange nicht mehr die Atmosphäre, das Geschäft mit dem Vergnügen und den Touristen dominiert. Nicht unbedingt schonend, vor allem zwischen Donnerstag und Montag wirkt Temple Bar am Abend zu überlaufen, zu laut, zu schrill.

Dennoch kann man Spaß haben in Temple Bar, keine Frage. Nicht nur durch die immense Pubdichte, sondern auch durch die dem dichtgedrängten Publikum gebotenen Extras. Hier eine Folkband, dort wummernde Bässe, gegenüber Anfängerlektionen im Irish Dancing, um die nächste Ecke wieder Folk, meist auf bekannte Gassenhauer reduziert. Wer irische Partystimmung sucht, der findet sie hier garantiert.

Wo bleibt die Kultur?

Kultur kann man vor allem tagsüber, wenn die trunkenen Horden noch nicht marodieren, genießen. Etwa im **Irish Photography Centre** 1 (komplett mit Archiv und Galerie) oder **Irish Film Institute** 2, beide ermöglichen einen Einblick in das Medienschaffen in Irland. Musik steht im Mittelpunkt in der **Button Factory** 3, wo das Programm eigentlich täglich wechselt (und die vielleicht hörenswerteste Musik in Temple Bar gespielt wird). Kinder kommen im **Ark Children's Cultural Centre** 4 auf ihre Kosten, während Kunstliebhaber in der **Temple Bar Gallery** 5 (und ihren angeschlossenen Studios) nicht gerade kostengünstige Werke betrachten können.

Und dann sind da natürlich noch die wechselnden Programme, sei es im **Project Arts Centre** 6 oder eben auf der Straße. Zwei Plätze sind das Zentrum des Geschehens – der etwas abgelegene **Meeting House Square** 7 und der weniger einge-

Ü
ÜBRIGENS

Temple Bar hat nicht nur Party, sondern auch Partei – in der 43 East Essex Street findet sich **Connolly Books,** Buchladen der (eigentlich vollkommen unbedeutenden) Communist Party of Ireland. Geboten wird der übliche marxistische Mix mit irischem Einschlag und auch das eine oder andere radikale Souvenir. Ein winziges Theater ist ebenfalls im Haus.

Wenn Sie diese Zeichnung an einer Hausfassade sehen, haben Sie die Button Factory erreicht – bei dem Abgebildeten handelt es sich um BP Fallon, einen legendären Dubliner DJ, Autor, Tourmanager und Musikszenekenner, der bereits mit U2 auf Tour war.

INFOS/ÖFFNUNGSZEITEN

Irish Film Institute 2: 6 Eustace Street, T 01 679 34 77, www.ifi.ie.
Button Factory 3: Curved Street, T 01 670 92 02, www.buttonfactory.ie.
Ark Children's Cultural Centre 4: 11a Eustace Street, T 01 670 77 88, www.ark.ie.
Temple Bar Gallery 5: 5–9 Temple Bar, T 01 671 00 73, www.templebargallery.com, Di–Sa 11–18 Uhr.
Project Arts Centre 6: 39 East Essex Street, T 01 881 96 13, www.projectartscentre.ie, Mo–Sa 11–20 Uhr.
Gallery of Photography: Meeting House Square 7, T 01 671 46 54, www.galleryofphotography.ie, Di–Sa 11–18, So 13–18 Uhr.

KULINARISCHES FÜR ZWISCHENDRIN

Temple Bar ist voll von Restaurants, Cafés und Pubs – wer hier hungert, hat etwas falsch gemacht. Preisgünstige Snacks zum Mitnehmen findet man auch im **Tesco** 1, 40–47 Fleet Street, Mo–Sa 7–22, So 10–22 Uhr.

Cityplan: Karte 3 | LUAS Jervis

engt wirkende **Temple Bar Square.** Beide dienen als Veranstaltungsraum, am Meeting House Square wird am Sonntagnachmittag die freie Meinungsäußerung (Speakers Square) gepflegt.

UM DIE ECKE

Nach Süden mündet Temple Bar in den Vorplatz der (architektonisch interessanten) **Central Bank of Ireland** 8, am Foster Place wächst ein goldener Baum. Die ›Grande Dame‹ am Platz allerdings ist die **Bank of Ireland** 9 am College Green. Als sich das irische Parlament, für das der Bau ursprünglich gedacht war, freiwillig ins britische Parlament integrierte, zogen die Banker hier ein. Die bankeigenen Kanonen im Eingangsbereich erinnern daran, dass früher unzufriedene Kunden nicht mit einem Anruf im Call Centre abgespeist wurden.

Mehr als nur Shopping – **Grafton Street und Umgebung**

#6

Bono höchstpersönlich gibt hier ab und an den Straßenmusikanten – gut, immer um Weihnachten herum und für einen guten Zweck und mit rein zufällig viel Medienbegleitung, aber er ist es wirklich. Grafton Street ist das Mekka der Musiker. Und der Shopping-Begeisterten. Vor allem am Wochenende eine ungute Mischung. Denn dann wird es schnell voll, zu voll. Genuss ist dann etwas anderes.

Grafton Street beginnt am Trinity College, wird aber erst im Bereich der Fußgängerzone (zwischen Suffolk Street und St. Stephen's Green) richtig interessant. Beide Teile zusammen sind gerade einmal 550 m lang, man kann aber ein Vermögen los-

Gruppenfoto der etwas anderen Art – nicht nur als Musiker kann man auf der Grafton Street Geld verdienen.

werden. Dafür sorgen internationale Ketten und, natürlich, das Dubliner Traditionskaufhaus **Brown Thomas** 1, mittlerweile ein Marktplatz der großen, globalen Marken, selbst das Food Emporium weist kaum irische Waren auf. Also einmal reinsehen und die zwei Highlights mitnehmen. Das ist zum einen der Türsteher am Haupteingang, ein echter Gentleman mit Zylinder. Und zum anderen, allerdings nur im November und Dezember, die aufwendige Weihnachtsdekoration der Schaufenster.

Die wahren Schätze findet man heute eher abseits der Grafton Street. Erstaunlicherweise schon im ›Kristallpalast‹ des **Stephen's Green Centre** 2. Irlands erstes echtes Einkaufszentrum wurde 1988 eröffnet und passt sich überraschend harmonisch in das Stadtbild ein. Im Innern sorgen die Glasdächer und das große Atrium für eine angenehme Atmosphäre, auch wenn das Layout der Treppenaufgänge manchmal verwirren kann (und an einigen Stellen eher für Schwindelfreie geeignet ist). Abgesehen von einigen großen Ketten findet man hier auch kleine Läden für das Ungewöhnliche. Etwa den russischen Teeladen Gurman's, Asha für alternative Mode (hier kaufte schon Alice Cooper ein), den Comicladen Hidden Treasures … und die Künstler und Kunsthändler in der obersten Etage, dazu zahlreiche Cafés und Restaurants.

Apropos Café – zum Besuch der Grafton Street gehört natürlich auch das **Bewley's Oriental Café** 1. Zumindest die Fassade ist noch traditionell, mit den pseudo-ägyptischen Details, und im Harry Clarke Room können die schönen Glasfenster bewundert werden, die Clarke 1927 fertigstellte. Echte Gemütlichkeit oder gar eine Zeitreise in das viktorianische Zeitalter sollte man jedoch nicht erwarten, schließlich ist dies Irlands größtes Café, mit rund einer Million Besuchern im Jahr.

Verstecktes Kleinod

Eigentlich interessanter ist dagegen das **Powerscourt Centre** 3, das man über den engen Johnson's Court erreicht. Versteckt zwischen wenig inspirierenden Straßenzügen, ist dies ein Einkaufszentrum der besonderen Art. Was schon damit beginnt, dass es in einem der schönsten georgianischen Gebäude Dublins beheimatet ist, entworfen von Robert Mack, mit Inneneinrichtung von

S SHOPPING

Wer in Dublin Shoppingtour machen will, sollte, wenn irgend möglich, den Samstag vermeiden oder sehr früh losziehen – ab Mittag wird die Innenstadt regelmäßig zur überfüllten Hölle, Wetter egal.

Die wunderschönen Glasfenster in Bewley's Oriental Café lohnen den Besuch – sie stammen von dem irischen Buchillustrator und Glasmaler Harry Clarke, der nicht nur in Irland, sondern auch in Australien und Afrika unzählige Fenster kunstvoll bemalte.

INFOS/ÖFFNUNGSZEITEN

Brown Thomas 1: 88–95 Grafton St., T 01 605 66 66, www.brownthomas.com, Mo, Mi und Fr 9.30–20, Di 10–20, Do 9.30–21, Sa 9–20, So 11–19 Uhr.
Stephens Green Centre 2: T 01 478 08 88, www.stephensgreen.com, Mo–Sa 9–19 (Do 9–21), So 11–18 Uhr.
Powerscourt Centre 3: 59 South William Street, T 01 679 41 44, www.powerscourtcentre.ie, Mo–Fr 10–18 (Do 10–20), Sa 9–18, So 12–18 Uhr.
George's Street Arcade 4: T 01 283 60 77, www.georgesstreetarcade.ie, Mo–Sa 9–18.30 (Do 9–20.30), So 12–18 Uhr.
Bewley's Oriental Café 1:
78–79 Grafton Street, T 01 672 77 20, www.bewleys.com, Mo–Sa 10–18, So 12–17 Uhr.

KULINARISCHES FÜR ZWISCHENDRIN

Die beste Pause lässt sich im quirligen **Pygmalion Café** einlegen, wo vom Irish Breakfast bis zum eleganten Abendessen alles serviert wird – Powerscourt Centre, T 01 677 94 90, www.pyg.ie, Mo–Sa 10–22, So 12–22 Uhr.

Cityplan: Karte 2, F/G 5 | **LUAS** St. Stephen's Green

Michael Stapleton – Stars der Dubliner Architekturszene des 18. Jh. Bauherr Richard Wingfield, 3. Viscount Powerscourt (1730–1788), benötigte ein kleines Anwesen in der Stadt. Vor allem, um während der Tagungsperiode des irischen Parlaments auch einmal Gäste empfangen zu können. Ein bescheidener Zweitwohnsitz in zentraler Lage sozusagen. Die von Lord und Lady Powerscourt georderten Details, etwa die Rokoko-Elemente in der Halle oder die klassizistischen Zierden in Musikzimmer und Ballsaal, sind heute noch erkennbar.

Man kann das Powerscourt Centre entweder nur besichtigen (es gibt sogar geführte Touren), oder in einem der diversen Cafés und Bars ›auftanken‹ – oder eben einkaufen. Etwa in den vier Antiquitätenläden, von denen Monte Cristo vielleicht die breiteste Auswahl und auch Preise für das kleinere Budget bietet. Ein weiterer Schwerpunkt sind Mode und Schmuck, wobei oft die Braut im Blickpunkt steht – an manchen Tagen kann man vom Pygmalion Café aus herrlich aufgeregte Frauen und hyperventilierende Männer beobachten. Eine irische Hochzeit kostet schon einige Monatsgehälter …

In der viktorianischen Markthalle der George's Street Arcade hat man dank des Glasdaches ein Gefühl von Draußensein. Mit ihrem Sammelsurium von Läden und Händlern erinnert die Arkade mehr an einen Basar als an ein Shopping Centre – nichtsdestotrotz gilt sie als das älteste Einkaufszentrum Europas.

Dauerflohmarkt mit Kultpotential

Verlässt man das Powerscourt Centre durch den westlichen Eingang und geht dann durch den engen Castle Market zur Drury Street, wartet dort der Eingang zur **George's Street Arcade** 4, eine überdachte Passage zwischen der Drury Street und der South Great George's Street. Eine 1881 erbaute viktorianische Markthalle aus rotem Backstein, hoffnungslos schön altmodisch. Der Komplex bietet rund fünfzig Geschäften Platz, vom Dunnes Store bis zu kleinen Flohmarkthändlern in der Passage. Das Konzept sah immer schon Ladengeschäfte, Wohneinheiten und eben die in der Passage angesiedelten ›fliegenden Händler‹ (offiziell ›stallholders‹, Standbesitzer, spontan kann hier niemand seine Waren feilbieten) vor.

Am interessantesten ist der Spaziergang durch die Passage, denn hier bietet sich der bunteste Mix – Briefmarken- und Münzhändler, antiquarische Bücher, japanische Anime-Fanartikel, indische Kleidung mit Bollywood-Einschlag, Schmuck aus Handfertigung oder als Massenware für jeden nur erdenklichen Körperteil (Piercing inbegriffen), Hüte, Schallplatten, Speis und Trank … und mittendrin eine Wahrsagerin. Bunter kann es kaum werden.

UM DIE ECKE

Östlich der Grafton Street sind die Geschäfte weniger aufregend, Freunde des guten Tropfens sollten sich jedoch in die Dawson Street wagen, wo der **Celtic Whiskey Shop** 5 wartet. Was es hier nicht an Whiskey (oder auch Whisky, die nicht-irische Variante) gibt, das lohnt sich eigentlich auch nicht zu suchen. Nicht unbedingt zu Schnäppchenpreisen, aber für Kenner ist Geiz ohnehin nicht geil. Billigware für den Colamix gibt es im Supermarkt.

27–28 Dawson Street, T 01 675 97 44, www.celticwhiskeyshop.com, Mo–Sa 10.30–20 (Do 10.30–21), So 12.30–19 Uhr.

Von alten Meistern und toten Tieren – **in Dublins Kulturviertel**

7

Kultur, das endet für viele Dublin-Touristen gerne mit einem feuchtfröhlichen Ersatz-Riverdance in einem der einschlägigen Pubs. Dabei hat die Hauptstadt, so wie es sich gehört, doch ein Kulturviertel. Nein, nicht Temple Bar – Kultur finden Sie zwischen Merrion Square und Saint Stephen's Green, kompakt und abwechslungsreich.

Vielleicht das wichtigste Museum Dublins ist das **National Museum** 1, dessen Archäologische Abteilung in der Kildare Street das irische Leben von der Frühzeit bis ins Mittelalter thematisiert. Kaum durch den etwas beengten Eingang neben dem **Leinster House** 2 (Irlands Parlament) und die von einer Kuppel überspannte Vorhalle hindurch, sieht

Das irische Nationalmuseum verteilt sich auf drei verschiedene Niederlassungen: Kildare Street (Bild), Collins Barracks und das History Museum in der Merrion Street.

sich der Besucher mit goldener Pracht konfrontiert. Highlights der Frühgeschichte – mit viel Gold, das in teils filigranen, teils recht robusten Formen daherkommt. Eine primitive Gesellschaft war dies nicht, zumindest nicht für die Betuchteren.

Dabei lässt die im Seitentrakt eingerichtete Ausstellung »Kingship and Sacrifice« zumindest erahnen, wie auch die Oberschicht Opfer bringen musste. Recht einschneidender Art – die hier gezeigten Moorleichen sind wahrscheinlich die Resultate ritueller Tötungen, die vor dem Herrscher keinen Halt machten. Besonders der sogenannte ›Clonycavan Man‹ mit seiner extravaganten Frisur scheint dies zu belegen. Hier wird auch der Versuch unternommen, die Funde aus den Mooren Irlands in einen europäischen Zusammenhang zu stellen.

Der Ardagh-Kelch wurde 1868 auf einem Kartoffelacker in Limerick ausgegraben.

Wikinger in Irland sind ein weiterer Schwerpunkt – hier wird schnell klar, dass es sich nicht um kulturlose Barbaren, sondern eine wohlgeordnete Gesellschaft handelte, die sich in Dublin ansiedelte. Und deren Kultur schnell mit der irischen verschmolz. Zum Teil im wahrsten Sinne des Wortes, schmolzen die Wikinger doch schon mal von Iren geraubte Dinge für den Neugebrauch ein. Einige der Überlebenden, nämlich Kunstgegenstände vor allem aus dem frühen Mittelalter, werden in der »Treasury« gezeigt. Irlands feinste Handwerkskunst, etwa die

INFOS/ÖFFNUNGSZEITEN

Eintritt frei bei folgenden Sights:
National Museum 1: Kildare Street, T 01 677 74 44 , www.museum.ie, Di–Sa 10–17, So 14–17 Uhr.

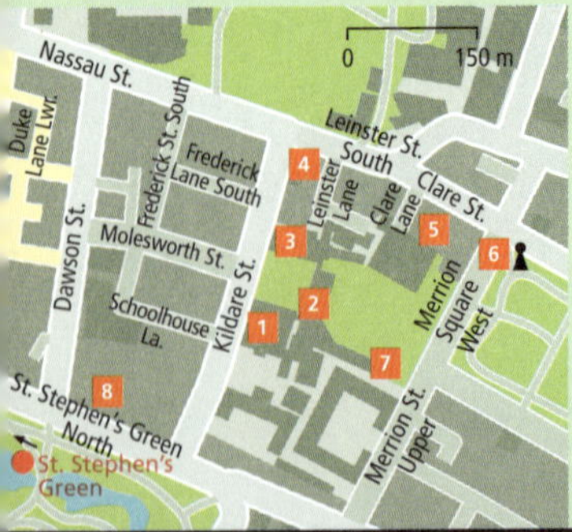

National Library 3: 2/3 Kildare Street, T 01 603 02 00, www.nli.ie, Mo–Mi 9.30–19.45, Do–Sa 9.30–16.45, So 13–16.45 Uhr.
National Gallery 5: Merrion Square West, T 01 661 51 33, www.national gallery.ie, Mo–Sa 9.15–17.30 (Do 9.15–20.30), So 11–17.30 Uhr.
Natural History Museum 7: Merrion Street, T 01 677 74 44, www.museum.ie, Di–Sa 10–17, So 14–17 Uhr.

KULINARISCHES FÜR ZWISCHENDRIN

Machen Sie es sich einfach – die Cafés im National Museum, der National Library und der National Gallery sind alle empfehlenswert und während der normalen Öffnungszeiten zugänglich.

Cityplan: Karte 2, G 5 | **LUAS** St. Stephen's Green

Brosche von Tara (die gar nicht aus Tara stammt), oder auch der Messkelch von Ardagh.

Von Yeats und anderen Schreiberlingen

Nur wenige Schritte nördlich ist die **National Library** 3, Irlands offizielle Sammlung aller in der Republik erscheinenden Druckwerke. Der Bestand ist aber keineswegs komplett präsent. Der Lesesaal, für den ein Leserausweis benötigt wird (Antrag vor Ort möglich), ist sehenswert. Ohne Ausweis ist die Ausstellung zu Leben und Werk von William Butler Yeats zugänglich, in der Yeats' Person wie auch sein Schaffen wirklich umfassend und aus wechselnden Blickwinkeln beleuchtet werden.

T TURNER

Eine echte Rarität für Dublin-Besucher sind die 31 Turner-Aquarelle, die traditionell nur im Januar aus dem Archiv der National Gallery geholt und dann für einen Monat lang gezeigt werden.

Geballte irische Kunst

Ein Stück noch die Kildare Street herunter, am **Kildare Club** 4 mit seinen skurrilen Steinmetzarbeiten (haben Sie die Affen entdeckt?) vorbei, dann rechts über Leinster Street und Clare Street in Richtung Westen kommt man zur **National Gallery of Ireland** 5 am Merrion Square West. Die größte Kunstgalerie auf der Insel und Heimat für eine sehr gemischte Sammlung bildender Kunst. Ein Schwerpunkt liegt dabei auf irischer Kunst, etwa von Jack B. Yeats, und Porträts historischer irischer Persönlichkeiten – allerdings überwiegt die Zahl nicht-irischer Werke. In der National Gallery werden Werke alter Meister, darunter auch Brueghel, Caravaggio, Goya, Hogarth, Poussin, Rubens, Titian, Velázquez und Vermeer, gezeigt. Auch modernere Künstler wie Picasso und Nolde fanden ihren Platz in der irischen Nationalgalerie.

Die Werke der irischen Literaten haben in ihrer Heimat einen außergewöhnlich hohen Stellenwert – wo sonst wird der Gewinner eines TV-Wettbewerbs zum »beliebtesten Gedicht des letzten Jahrhunderts« vom Staatsoberhaupt höchstpersönlich bekannt gegeben?

Oscar Wilde in freier Wildbahn

Schräg gegenüber der National Gallery, an der Nordost-Ecke des Merrion Square, steht das Oscar Wilde House, heute in Benutzung durch das American College. Diesem wiederum gegenüber sieht man **Oscar Wilde** 6 selbst – verewigt auf einem Felsen liegend. Eine bunte Angelegenheit, ohne jeglichen Anstrich, nur mit verschiedenen Steinarten kreiert. Dem halb lächelnden, halb traurigen Oscar wurden zwei Bronzestatuen zur Seite gestellt, eine zeigt seine Ehefrau schwanger und nackt, die andere einen ebenso nackten Jünglingstorso, beide Sockel sind mit Bonmots Wildes (vor denen man in Dublin nie Ruhe bekommt) verziert.

Der Look der Statue kommt nicht von ungefähr – Oscar Wilde gilt als Urtyp des Dandys. Mit seinem extravaganten Auftreten und seinem ungewöhnlichen Kleidungsstil war der Schriftsteller ein Paradiesvogel im prüden viktorianischen England.

Der Zoo der toten Tiere

Dann ist da noch das phantastische **Natural History Museum** 7. Im Dubliner Volksmund besser bekannt als ›Dead Zoo‹. Ein Museum eines Museums, wenn man so will – wie in einer Zeitkapsel wurde hier ein typisches viktorianisches Naturkundemuseum erhalten, in dem die Natur nicht gezähmt, sondern ausgestopft dem Besucher nahegebracht wird. Wobei die Kunst der Taxidermie noch nicht immer ihren Höhepunkt erreicht hatte – ein ausgestellter Panda etwa weist tatsächlich nur zufällige Ähnlichkeit mit lebenden Exemplaren auf. Andererseits sind die nachgebildeten Szenen oftmals sehr anschaulich, und ausgestellte Raritäten wie ein recht großer Mondfisch und ein gigantischer (wenn auch leicht desolater) Riesenhai sind sehenswert. Wie auch, am anderen Ende der Skala, die feinen Glasmodelle aus den Dresdner Blaschka-Werkstätten.

M
MUSEEN

Dublins Museen können an Wochentagen, vor allem am Vormittag, schnell sehr laut und chaotisch werden, dann absolvieren besuchende Schulklassen ihr Kulturprogramm. Da diese aber selten lange an einem Ort verweilen, ist mit etwas Geduld schnell wieder Ruhe eingekehrt.

→ UM DIE ECKE

Nicht wirklich im Kulturviertel, aber nur einen kurzen Spaziergang entfernt, ist das **Little Museum of Dublin** 8. Diese noch relativ junge Einrichtung ist der Stadtgeschichte gewidmet, wie sie sich vor allem für den einfachen Bürger darstellte. Die kleinen Räumlichkeiten erzwingen geradezu einen häufigen Wechsel der thematischen Ausstellungen. Was gut ist, denn so bleibt ein Museum ›frisch‹. Die bunte Mischung zieht natürlich auch Einheimische wiederholt in das Haus, um Dublin etwas ›persönlicher‹ als in der City Hall kennenzulernen.

15 St. Stephen's Green, T 01 661 10 00, www.littlemuseum.ie, tgl. 9.30–17, Do 9.30–20 Uhr, Erw. 8 €.

Bunte Türen inklusive – **das georgianische Dublin**

#8

Die Szenerie kommt Ihnen bekannt vor? Déjà-vu ist in Dublin selbst für Erstbesucher keine Seltenheit, denn Teile Dublins sind oft in Film und Fernsehen. Stadtteile, die heute noch den fast unverfälschten georgianischen Baustil aufweisen können, werden gern als Hintergrund für Kostümfilme oder TV-Produktionen wie »Ripper Street« oder »Penny Dreadful« genommen. »Georgian Heritage« ist in der irischen Hauptstadt ein Vermarktungskonzept.

Während der georgianische Baustil in den Jahren nach der Unabhängigkeit als Symbol der britischen Herrschaft angesehen wurde, gilt er heute als Teil des irischen Kulturerbes.

»Georgianisch« ist kein echter Stil, sondern eher der Oberbegriff für eine historische Epoche. Die zwischen 1714 und 1830 vor allem dadurch definiert wurde, dass auf dem englischen Königs-

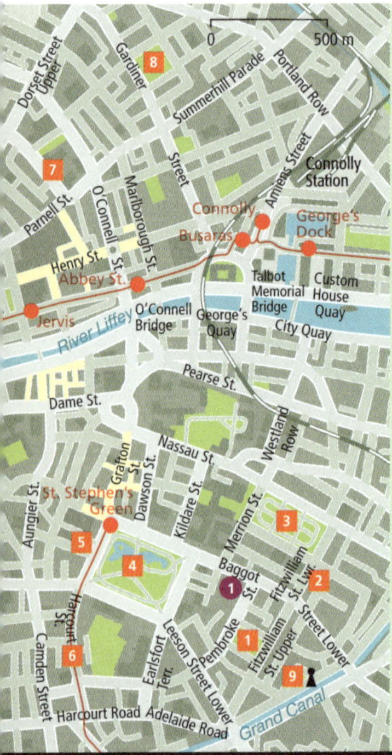

INFOS/ÖFFNUNGSZEITEN

Number 29 2: 29 Fitzwilliam Street Lower, www.numbertwentynine.ie, Mitte Feb. bis Mitte Dez. Di–Sa 10–17 Uhr, Erw. 6 €.

KULINARISCHES FÜR ZWISCHENDRIN

Mitten zwischen den Squares **Chez Max** 1 vormerken – französischer Laden und Restaurant mit hervorragenden Snacks und Kaffee auch zum Mitnehmen.
133 Lower Baggot Street, T 01 661 88 99, www.chezmax.ie, Mo–Fr 8–17 Uhr (Epicerie), Restaurant tgl. 12–24 (So 12–21) Uhr.

Cityplan: F/G 3–6 und Karte 2 | **LUAS** Abbey Street, St. Stephen's Green, Harcourt

thron eine Reihe von aus Hannover importierten Königen saß – Georg I, Georg II, Georg III und (Sie ahnen es) Georg IV. Die Baustile, die in dieser Epoche bevorzugt und bald unter dem Sammelbegriff »georgianisch« zusammengefasst wurden, sind durchaus verschieden. Vom Spätbarock über das italienisch angehauchte »Palladian« bis hin zum orientalisch-verspielten »Regency« umfassen sie viele Varianten. Dublin aber meint mit »georgianisch« meistens den von Robert Adam populär gemachten Stil des Stadthauses.

Ein Stil, der auch die maximale Ausnutzung der vorhandenen Flächen garantierte – die Häuser wurden quaderförmig errichtet und so dicht nebeneinander gestellt, dass sich trotz baulicher Trennung geschlossene Häuserfronten ergaben (weswegen man von Spekulantenseite irgendwann einfach komplette Blocks hochzog). Das Stadthaus nach Adam zeigt sich als ein mehrstöckiger, insgesamt schlichter, rechteckiger Bau mit ausgeprägtem

Hang zur Symmetrie. Dekorationselemente? Eigentlich gab es die nur im Innenbereich, die Fassaden gleichen sich bis auf feine Details.

Fitzwilliam Square – mit Privatpark

Fitzwilliam Square 1 etwa ist ein schönes Exemplar, wie auch der gesamte Bereich mit der Pembroke Street und Baggot Street in unmittelbarer Nachbarschaft. Vor allem an den Wochenenden kann man hier in Ruhe an den alten Fassaden vorbei spazieren gehen, unter der Woche stört der (vor allem Parkplätze suchende) Verkehr doch die georgianische Idylle. Die man auch von Innen sehen kann, in **Number 29** 2. Hier wurde ein komplettes Haus in den Zustand um 1800 zurückversetzt. Auch als Wiedergutmachung für eine eklatante Bausünde, denn das nebenan liegende monströse Verwaltungsgebäude des Energieversorgers ESB ist einfach nur grässlich.

Squares sind übrigens meistens nicht Quadrate, sondern einfach Plätze. Die von Straßen umgeben sind, mit jeweils nur einer bebauten Seite, denn die Häuser blickten alle auf den zentralen Platz. Der wiederum eine Grünanlage war, umgeben von hohen Eisenzäunen mit wenigen Durchlässen. Und am Fitzwilliam Square ist das alte Besitzerprinzip dieser Grünanlage bis heute erhalten. Der kleine Park in der Mitte des Platzes ist Gemeineigentum der Anwohner, die Schlüssel haben und ihn exklusiv (sowie mit vielen Auflagen) nutzen dürfen.

Der Legende nach sind die Doors of Dublin den Schriftstellern George Moore und Oliver St. John Gogarty zu verdanken: Die beiden trinkfesten Exzentriker wohnten demnach nebeneinander und verwechselten – aufgrund der ähnlichen Fassade und nach übermäßigem Alkoholgenuss – gerne mal ihre Haustüren. Um dieses Problem zu beseitigen, versah der eine seine Tür mit grüner Farbe, während der andere seine Tür rot strich. Tatsächlich steckt in dieser Geschichte ein ganzes Stück Wahrheit, schließlich wollten die Bewohner der georgianischen Häuser sich durch farbige Haustüren und ausgefallene Oberlichter von ihren Nachbarn absetzen.

Merrion Square – Tür an Tür

Flaniert man um den **Merrion Square** 3 herum, wird man langsam viele der kleinen Details in den Eingangsbereichen erkennen können, die den Häusern doch Individualität verleihen. Die Eingangstür, oft im Hochparterre gelegen, bildete den Fokus. Georgianischer Standard waren eine kurze Treppe, flankiert von Eisengeländern, und ein halbrundes Oberlicht. Details wie die Ausgestaltung der Geländer, Schuhabputzer und Türklopfer sollten Geschmack und Individualität ausdrücken.

Die bunten »Doors of Dublin« kamen erst später, für ihre farbenfrohe Gestaltung benötigte man wetterfeste Lacke.

Erhalten wurde dies alles dadurch, dass sich Anfang des 19. Jh. das irische Parlament selbst

Ü
ÜBRIGENS

Stadthäuser entstanden in Dublin oft aus praktischen Gründen. In der georgianischen Periode war die Oberschicht immer noch der Landadel. Mit geräumigem Erstwohnsitz auf einigen hundert Hektar, wo sich Fuchs und Hase Gute Nacht sagen. Nach Dublin ging man zum Einkaufen, um Geschäfte zu tätigen, der Kultur halber oder auch der Politik wegen. Dazu musste ein angemessener, aber nicht allzu komplizierter Zweitwohnsitz her, die Reisezeiten machten das Pendeln schlicht unmöglich.

auflöste, Politik künftig in Westminster gemacht wurde und alle Wichtigen, Mächtigen, Reichen mitzogen – die architektonische Entwicklung Dublins ging um 1800 in Stasis über. Bis Stadtplaner um 1950 begannen, ganze Straßenzüge zu vernichten. Weil Dublins so typisch georgianische Innenstadt als ›unirisch‹ galt. Kulturkampf rund um die Squares der Stadt.

Kampf am Stephen's Green

In anderen Ecken setzte ein mehr physischer Kampf dem georgianischen Erbe zu – am **St. Stephen's Green** 4 lieferten sich Ostern 1916 Rebellen und Regierungstruppen heftige Gefechte, das **Royal College of Surgeons** 5 an der Westseite trägt heute noch die Narben. Wobei die Straßenzüge rund um ›the Green‹ nur stellenweise noch original georgianisch erscheinen, ein Abstecher in die **Harcourt Road** 6 an der Südwestseite dagegen fördert wieder einige Perlen zu Tage, nur eben nicht an einem Square.

Vergessene Northside

Die georgianischen Perlen der Northside werden oft vergessen. **Parnell Square** 7 etwa wird selten in der Liste der besuchenswerten Orte aufgeführt, weil er durch das Rotunda Hospital in der Mitte und zahlreiche Neubauten im 19. Jh. doch stark seinen ursprünglichen Charakter verlor.

Und der **Mountjoy Square** 8, mit exakt 140 Metern Seitenlänge in jeder Himmelsrichtung und nach einer einfühlsamen Renovierung vielleicht der dem Originalgedanken am nächsten kommende Platz, wird fast nie besucht. Weil er abseits des üblichen touristischen Trubels liegt. Ist aber durchaus einen Fußmarsch wert.

Anders als 1916 kann man heute im St. Stephen's Green ein paar schöne ruhige Stunden verbringen.

UM DIE ECKE

Wer die Squares auf der Southside besucht hat, sollte noch einen Abstecher an ein weiteres Überbleibsel der Epoche machen – den nahen **Grand Canal,** von der Liffey zum Shannon führend. Im Gebiet zwischen Portobello und den Grand Canal Docks kann man Schleusen bewundern und zahlreiche Dubliner Details entdecken, etwa die Statue für den Dichter **Patrick Kavanagh** 9 (er wünschte sich als Denkmal »nur eine Bank am Kanal«).

Einmal quer durch die City – **Dublins Literatur-Pubs**

9

Eigentlich wäre es eine dankenswerte Aufgabe für das Dubliner Tourismus-Marketing, eine Gedenkplakette an jedem Pub anzubringen, in dem die Dichter und Denker der Hauptstadt Inspiration durch Spirituosen suchten. Andererseits wäre es in Zeiten der knappen Kassen billiger, nur eine Plakette an den Pubs anzubringen, in denen Brendan Behan nicht trank.

Der »Trinker mit einem Schreibproblem«, wie er sich selbst bezeichnete, war zweifelsohne Dublins hochprozentigster Literat. Aber fleißige Pubgänger waren sie eigentlich alle. Die Poeten, die Romanciers, die Essayisten, die Journalisten.

Und so ist es dann auch für den Besucher der UNESCO-Literaturstadt fast schon Pflicht, den

Wer nicht gern trinkt, kann auf der literarischen Pub-Tour – passend zum Motto – natürlich auch lesen …

INFOS

Toner's 1: 139 Lower Baggot Street, T 01 676 30 90, www.tonerspub.ie.
Doheny & Nesbitt 2: 4–5 Lower Baggot Street, T 01 676 29 45.
McDaid's 3: 3 Harry Street, T 01 679 43 95.
The Bailey 4: 1–4 Duke Street, T 01 670 49 39, www.baileybarcafe.com.
Davy Byrne's 5: 21 Duke Street, T 01 677 52 17, www.davybyrnes.com.
The Duke 6: 8–9 Duke Street, T 01 679 95 53, www.thedukedublin.com.
Grogan's Castle Lounge 7: 15 South William Street, www.grogansspub.ie.
O'Neill's 8: 2 Suffolk Street, T 01 679 36 56, www.oneillsbar.com.
Palace Bar 9: 1 Fleet Street, T 01 671 73 88, www.thepalacebardublin.com.
John Mulligan's 10: 8 Poolbeg Street, T 01 677 55 82, www.mulligans.ie.
The Flowing Tide 11: 9 Lower Abbey Street, T 01 874 41 08.
The Oval 12: 78 Middle Abbey Street, T 01 872 12 64, www.theovalbar.com.

ÖFFNUNGSZEITEN

Die Öffnungszeiten irischer Pubs sind etwas liberaler geworden, aber grundsätzlich sind alle genannten Pubs zwischen 10.30 und 23.30 geöffnet, freitags und samstags sogar bis um 0.30 am nächsten Morgen, am Sonntag dagegen nur zwischen 12.30 und 23 Uhr.

KULINARISCHES FÜR ZWISCHENDRIN

Viele der genannten Pubs bieten auch Essen an, dies wird am ehesten zwischen 12 und 19 Uhr serviert.

Cityplan: Karte 2, G 4/5 und Karte 3 | **LUAS** St. Stephen's Green, Abbey Street

(meist) abendlichen Pubbesuch auf den Spuren der Dubliner Schriftsteller zu starten. Wobei die Wege zwischen den literarisch-alkoholischen Anlaufpunkten kurz sind, sodass mehr Zeit zum Verweilen denn zum Eilen eingeplant werden kann. In der Nähe des St. Stephen's Green lässt sich die Tour gut starten.

Start am St. Stephen's Green

Toner's 1 serviert seit 1818 die Pints (568 ml Bier) und Quarter Gills (35,5 ml Hochprozentiges), und an der Seitenfassade macht man mit Portraits von James Joyce und Patrick Kavanagh auf literarische Tradition aufmerksam. Tiefschürfendes Denken ist außerhalb der Mittags- und frühen Abendzeit angesagt, also wenn der Pub und sein Biergarten

Toner's Yard nicht gerade Treffpunkt der Büroangestellten aus der Umgebung sind.

Ganz in der Nähe findet sich **Doheny & Nesbitt** 2, einer der wirklich klassischen Pubs von Dublin, komplett mit einer schönen Holzfassade. Der bevorzugte Treffpunkt für Journalisten, die nach der Berichterstattung über Regierungsgeschäfte erst mal Stärkung brauchen. Fortsetzung der Debatte am Tresen ist normal. Auch wenn gelegentlich Liveübertragungen von Sportereignissen wesentlich wichtiger erscheinen. Doch keine Angst, der Pub ist größer, als die Fassade vermuten lässt.

Die Dubliner Pubs halten große Stücke auf ihre Literaten – das Oliver St. John Gogarty hat sich sogar in Gänze einem irischen Schriftsteller verschrieben.

Am Green vorbei, eingebogen in die Grafton Street, dann links in die Harry Street ... hier ist mit **McDaid's** 3 einer der wirklich ursprünglichen Stadtpubs Dublins erhalten geblieben, in dem schon Patrick Kavanagh und Brendan Behan tranken, wobei der letztere auch Charaktere anhand der anderen Gäste erdachte. McDaid's ist etwas ab vom Schuss, mit dunklem Holz ausgestattet, und gemütlich. Auch wenn der Pub mal ein Leichenschauhaus war.

Hochprozentige Seitenstraße

Das ›goldene Dreieck‹ der literarischen Pubs findet sich dann in der Duke Street, einer Seitenstraße der Grafton Street. Gleich am Anfang steht **The Bailey** 4 (mit der farbenfrohen Figur eines Landvermessers an der Fassade), wo am Bloomsday auch die ›Joyceans‹ zu einem deftigen Frühstück samt der obligatorischen Nieren zusammenkommen. Brendan Behan war der Meinung, den Pub einmal aus Versehen ersteigert zu haben – obwohl er doch nur einen Toaster wollte. Und John Betjeman wie auch Evelyn Waugh tranken hier.

Am Bloomsday ist das Davy Byrne's eine der populärsten Anlaufstellen Dublins – nicht ohne Grund: Leopold Bloom höchstpersönlich hat in »Ulysses« hier gegessen und getrunken.

Schräg gegenüber geht es dann mit Joyce weiter, denn in **Davy Byrne's** 5 nahm Leopold Bloom ein Gorgonzola-belegtes Sandwich zu sich, heruntergespült mit Rotwein. Was in dem (modernisierten) Gastro-Pub auch heute noch auf der Speisekarte steht. Wandmalereien aus der Hand von Brendan Behans Schwiegervater, und natürlich Behan selbst auf der Gästeliste, neben Samuel Beckett, Oliver St. John Gogarty, Patrick Kavanagh und Flann O'Brien.

Der Startpunkt für organisierte Pubcrawls, **The Duke** 6, ist nur wenige Schritte weiter zu finden – und hat sich das Ambiente eines echt viktorianischen Pubs weitgehend erhalten können. Komplett mit zahlreichen literarischen Verweisen, denn die im ganzen Pub verstreut zu findenden Erinnerungsstücke irischer Schriftsteller verleihen dem Schankraum ein wenig Museumsatmosphäre. Und familienfreundlich … Als einer der wenigen Pubs in Dublin bietet The Duke sogar ein Kindermenü an!

Versteckte Gassen-Pubs

Wieder auf der anderen Seite der Grafton Street, hinter dem Powerscourt Townhouse, findet sich **Grogan's Castle Lounge** 7. Ein Eckpub ohne große Reklame, aber mit den Portraits zahlreicher Schriftsteller auf Buntglas. Flann O'Brien gedachte in seinem »At Swim-Two-Birds« eines gemeinschaftlichen Umtrunks hier, »in schludrigen, abgetragenen Mänteln«. Heute fungiert Grogan's auch als Galerie, die Bilder an der Wand stehen zum Verkauf.

O'Neill's 8, nur etwas weiter zur Liffey hinab, ist mehr der Pub der Theoretiker – hier treffen sich die Studenten und Dozenten der Literaturwissenschaft, wenn sie sich von den Bücherregalen des nahegelegenen Trinity College losreißen können. Also fast immer, der Pub kann recht lebendig werden. Manchmal zu lebendig – ruhig ist es am Morgen, und ab 8 Uhr gibt es hier schon Frühstück.

Populär ist auch die **Palace Bar** 9 am Rande des Vergnügungsviertels Temple Bar – auf den ersten Blick ein eher kleiner Pub, der allenfalls durch die schön altmodische Fassade hervorsticht. Literarischen Ruhm erwarb sich der Trinkpalast vor allem durch Robert Smyllie, Herausgeber der »Irish Times«, der hier während der 1940er und 1950er gewissermaßen sein Zweitbüro hatte. Manche meinten, er sei hier zumindest verlässlich zu finden gewesen. Die Whiskey-Auswahl in der Palace Bar ist übrigens legendär.

Eine ruhigere Ecke verbirgt sich jenseits von Westmoreland und D'Olier Street – wo in einer Seitenstraße **John Mulligan's** 10 steht. Vielleicht Dublins schönster, noch richtig altmodischer Pub (wenn man den monströsen Bürobau gegenüber ignorieren kann), eng, verwinkelt, und eher zum ruhigen Trinken denn zum lauten ›Entertainment‹

Ü ÜBRIGENS

William Butler Yeats war vieles: Poet, Politiker, Parapsychologe, aber kein Pubgänger. Bis ihn Oliver St. John Gogarty zu Toner's mitzerrte. Dort angekommen, nahm Yeats einen Sherry, schaute sich das Treiben an und deklarierte dann sein Desinteresse an weiteren Begegnungen mit Irlands Kneipenkultur. Was nicht verhindert hat, dass manche Schänke nach ihm benannt ist.

Laut der Wandmalerei (die übrigens Patrick Kavanagh und James Joyce abbildet) wird im Toner's das beste Essen & Trinken Dublins serviert – William Butler Yeats konnte wie gesagt auch das nicht in einen Pubgänger verwandeln.

einladend. Hier traf sich (bis zur Pleite 1995) das schreibende Personal der »Irish Press«, und Sportjournalist Con Houlihan hat eine Gedenkplakette von Dramatiker John B. Keane gestiftet bekommen. Heute trifft man gelegentlich Redakteure der »Irish Times« bei Besprechungen.

Am St. Patrick's Day herrscht natürlich Hochbetrieb – doch auch das restliche Jahr über ist das O'Neills gut besucht. Wer den Pub in Ruhe erleben möchte, sollte zum Frühstücken hierher kommen.

Northside ... auch literarisch?

Auf der anderen Seite der Liffey, heute über die Rosie Hackett Bridge leicht erreichbar, lockt dann **The Flowing Tide** 11. Gegenüber dem Abbey Theatre und daher gerne von Künstlern wie Kunstbeflissenen vor und nach der Vorstellung besucht, die dann mit weniger akademisch gebildeten Northsidern in interessanter Mixtur das Guinness genießen. Als 1907 die Premiere von Synges »The Playboy of the Western World« wahre Straßenschlachten auslöste, war The Flowing Tide die Zufluchtsstätte der Wahl für viele Unbeteiligte.

Und nur wenige Schritte weiter, auf der anderen Seite der O'Connell Street, kann der literarische Pubcrawl dann im **The Oval** 12 ausklingen. Mitten im Herzen Dublins, in den Werken von Joyce und Beckett erwähnt, und bis zur Schließung der nahegelegenen Büros sehr populär bei Journalisten. Leider heute etwas zu touristisch aufgepeppt – der an sich wunderschöne Außenbereich wird durch Zeltpavillons, Gasheizer und die Raucherecke schlicht ruiniert.

W WHISKEY

Wer echt literarisch trinken will, der hat neben Guinness noch einen ganz speziellen Whiskey zur Wahl – **Writers Tears,** ein durchaus befriedigender Blend aus Pot Still und Malt. Allerdings nicht bei Joyce erwähnt, denn die Marke gibt es erst seit 2009.

10

Am Puls der Kolonialmacht – **Dublin Castle**

Ein schöner Rücken kann auch entzücken? Keineswegs, sagen die Dubliner. Denn die Statue der Justitia auf der Castle Hall 1 war lange der Inbegriff der Kolonialherrschaft. Nicht nur dass die Dame auf eine die Neutralität anzeigende Augenbinde verzichtete. Nein, sie blickte auch noch in den Innenhof des Herrschaftszentrums. Womit sie der Stadt den Rücken zukehrte. Was dann für die Iren alles Übel der britischen Verwaltung und Justiz zusammenfasste.

Dublins Schloss hat teilweise einen modernen Anstrich bekommen.

Zuerst bauten Wikinger hier Verteidigungsanlagen. Dann kamen die Anglo-Normannen, und ab 1204 wurde im Auftrag des englischen Königs John (Bösewicht im Robin-Hood-Mythos) eine

Dublins Justitia erntete im Laufe der Zeit viel Spott: Bei Regen neigte sie sich stets zu einer Seite, da eine der Schalen von ihrem Arm gestützt wird – bis auf Befehl von ganz oben Löcher für den Ablauf des Wassers sorgten.

echte Burg gebaut. Nicht nur als Verteidigungsanlage, sondern auch als Sitz der englischen Justiz und als königliche Schatzkammer. Der heute unterirdische Fluss Poddle und die Stadtmauern selber dienten als erweiterte Wehranlagen. Ein Arrangement, das Eindruck machte. So sehr und so nachhaltig, dass die bloße Vermutung, Dublin Castle müsse gut verteidigt sein, die Rebellen 1916 von einer effektiven Besetzung abhielt.

Eine echte Burg war Dublin Castle zu der Zeit aber schon lange nicht mehr, denn seit dem 13. Jh. waren Umbaumaßnahmen fast die Regel. Manchmal zur reinen Verbesserung, manchmal aus dem Zwang der Zerstörung heraus: 1673 und wieder 1684 brannten Teile der Anlage nieder. Und was der Besucher heute sieht, das ist eigentlich eine Phantasie des 18. Jh. … mit Ausnahme der Grundsubstanz des massiven Record Tower, denn der wurde schon um 1228 errichtet. Heute ist er eines der wenigen Relikte des mittelalterlichen Dublin.

Der Rest des Ensembles ist ein im wahrsten Sinne des Wortes buntes Gemisch verschiedener Baustile, mit farblichen Akzenten, die manchmal etwas krass wirken, und mit jeweils zeittypischem Zierrat und oft kontrastierenden Details. Was dann aber im Laufe der Jahrhunderte wieder zu einer Melange geriet, die heute durchaus stimmig erscheint.

Innenansichten

Wer mit der zweifelsohne schon spektakulären Außenansicht nicht zufrieden ist, der kann auch im Rahmen einer Führung Teile des Komplexes besichtigen. Der etwas unter einer Stunde dauernde Rundgang beginnt in den **State Apartments** 2, früher die Arbeits- und Repräsentationsräume des Vizekönigs, heute für besondere staatliche Emp-

D DÉJÀ-VU

Kommt Ihnen irgendwie bekannt vor? Dublin Castle wurde auch gern als Filmkulisse genommen, etwa in der Fernsehserie »Die Tudors«. Selbst Jackie Chan kletterte hier akrobatisch herum, in »Das Medaillon« hüpft er allerdings im Innenhof durch Cafés, die es in Wirklichkeit nie gab.

fänge genutzt. Danach geht es in die **Chapel Royal** 3, ein altertümlich wirkendes Kirchengebäude, erbaut zwischen 1807 und 1814 von Francis Johnston. Die Wappen der Vizekönige von Hugh de Lacy (1172) bis FitzAlan (1922) hängen an der Wand, FitzAlans Wappen nimmt den letzten noch verfügbaren Platz ein – hatte der Architekt prophetische Gaben? Ihren Abschluss findet die Besichtigung dann in der mittelalterlichen **Undercroft,** im Burgkeller sozusagen.

An der Peripherie

In der Krypta der Chapel Royal, zugänglich gegenüber der Garda-Station, findet sich das kleine **Zollmuseum** 4 … was erst mal langweilig klingt, aber durchaus unterhaltend ist. Denn zu den Ausstellungsstücken, die man nicht jeden Tag sieht, gehört eine illegale Schnapsbrennerei (deren Nachbau mit Zubehör aus dem Heimwerkermarkt durchaus einfach erscheint). Andere Dinge will man eigentlich gar nicht sehen, etwa das speziell für Drogenschmuggler konstruierte Klo, das den

INFOS/ÖFFNUNGSZEITEN

State Apartments 2: T 01 645 88 13, www.dublincastle.ie, Mo–Sa 10–16.45, So und Fei 12–16.45 Uhr, Erw. 8,50 €.

Zollmuseum 4: Mo–Fr 10–16 Uhr.

Chester Beatty Library 9: T 01 407 07 50, www.cbl.ie, Mo–Fr 10–17, Sa 11–17, So 13–17 Uhr (Nov.–Feb. und Bank Holiday Mo geschl.)

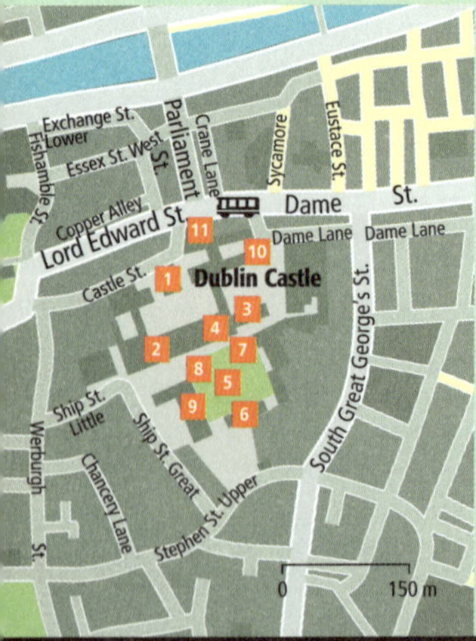

KULINARISCHES FÜR ZWISCHENDRIN

Ein Highlight der Dubliner Café-Kultur ist das **Silk Road Café** in der Chester Beatty Library 9 (gleiche Öffnungszeiten), das internationale Küche »entlang der Seidenstraße« bietet. Preise sind nicht unbedingt niedrig, aber das kulinarische Abenteuer ist es wert.
T 01 407 07 70, www.silkroadkitchen.ie.
Etwas günstiger und bodenständiger ist das **Dubh Linn Café** im Keller des Treasury Building 10 (Dublins ältestes Bürohaus von 1714), das aber durchweg gute Qualität bietet.
T 01 539 49 94, Mo–Sa 9.45–16.45, So 12–16.45 Uhr.

Cityplan: Karte 2, F 5 | **LUAS** Four Courts, Jervis

Darminhalt eines ›Mulis‹ fein zur Inspektion präsentiert.

Danach braucht man erst mal Luft, die sich in den **Dubh Linn Gardens** 5 schnappen lässt – einer parkähnlichen Anlage zwischen den Burgmauern und dem neo-gotischen **Coach House** 6. Einige Denkmäler und Skulpturen zieren die Randbereiche, am interessantesten sind der **Garda Siochana Memorial Garden** 7, an im Dienst getötete irische Polizisten erinnernd, und die Bronzebüste der **Veronica Guerin** 8. Die Journalistin wurde 1996 an einer belebten Kreuzung im Auftrag der Dubliner Unterwelt hingerichtet.

Das Buch als Kunstwerk

Neben den Dubh Linn Gardens hat die großartige **Chester Beatty Library** 9 ihre Heimat gefunden, eines der besten Museen Dublins. Sie zeigt herausragende Exponate aus der umfangreichen Privatsammlung des amerikanischen Unternehmers und Philanthropen Sir Alfred Chester Beatty (1875–1968), Dublins erstem Ehrenbürger.

Dieser sammelte Manuskripte, Fragmente, einzelne Bücher und auch komplette Sammlungen. Religiöse Texte, ohne Ansicht der Religion selber, waren einer der Sammlungsschwerpunkte. Heute sind Bibel-Fragmente, die mit zu den ältesten Exemplaren in ihrer Gattung gehören, im Museum zu sehen, dazu prachtvolle Ausgaben des Koran aus dem gesamten Nahen Osten, und zahlreiche reich illustrierte Schriften aus dem Fernen Osten.

Diese Ausstellung wird aufgelockert durch Ergänzungen aus den verschiedensten Sammlungen – Schreibgeräte, Werkzeuge für Ledereinbände, eine Samurai-Rüstung, wertvoller Krimskrams aus aller Welt. Dazu kommen wechselnde Ausstellungen mit Leihgaben.

UM DIE ECKE

Die prachtvolle **Dublin City Hall** 11 war ursprünglich Sitz der Börse, dann Rathaus, heute wird sie nur noch zu festlichen Anlässen genutzt. Die große, runde Haupthalle ist unter der Woche tagsüber in der Regel frei zugänglich. Dagegen ist das kleine, etwas enttäuschende Museum zur Geschichte der Stadtverwaltung im Keller kostenpflichtig.
T 01 222 29 18, Mo–Sa 10–17 Uhr.

Ü
ÜBRIGENS

1907 macht ein besonders spektakulärer Coup die Schlagzeilen: Die »irischen Kronjuwelen«, eigentlich die Insignien des Order of Saint Patrick, wurden aus einem Safe im Dublin Castle geklaut. Der Täter ist bis heute unbekannt, die Juwelen sind nie wieder aufgetaucht. Ein reicher Fundus für Verschwörungstheorien, die von männlichen Prostituierten bis zur königlichen Familie, in immer wechselnden Zusammenstellungen, reichen.

Aus dem Bedford Tower des Dublin Castle wurden 1907 die oben erwähnten Kronjuwelen gestohlen.

11

Mittelalterliches Dublin – **im Westen der Innenstadt**

Auf der Suche nach Dublins mittelalterlichem Herz kommt man an den Kathedralen und Kirchen im Westen der Innenstadt nicht vorbei. Auch wenn die Stadtplaner ihr Möglichstes getan haben, eben dieses Herz herauszureißen, brutal zu planieren, als Baugrund zu nutzen. Um Dublins Mittelalter zu erleben, muss man schon suchen.

Dublins einzige echte Kathedrale wurde ursprünglich von Wikingerkönig Sitric Seidenbart errichtet, dann von Anglo-Normannen durch einen Steinbau ersetzt, danach blieb die **Christ Church Cathedral** 1 eine Dauerbaustelle, auf der sich Häuser direkt an die Kirche drängten, Kneipen in der Krypta eröffneten, ein Zugangsweg ›Hölle‹

Die Ursprünge der Christ Church Cathedral gehen bis ins Jahr 1038 zurück – damals wurde sie von den Wikingern aus Holz errichtet.

hieß und Prostitution und Glücksspiel großes Geld machten. Und die Kathedrale wurde schlicht baufällig, Renovierungsarbeiten retteten sie am Ende des 19. Jh. – umgerechnet 30 Millionen Euro zahlte der Whiskeymagnat Henry Roe dafür. Der Nachteil: Heute ist kaum unterscheidbar, was mittelalterlich und was ›nachempfunden‹ ist.

Sicher zu den ältesten Teilen der Kirche gehört die große Krypta, Heimat einer recht bunten Sammlung von Erinnerungsstücken, von den Statuen der englischen Könige Charles II und James II bis hin zu einer mumifizierten Katze und einer ebensolchen Ratte. Auch der opportunistische Anglo-Normanne Richard de Clare, Strongbow genannt, soll sein Grabmal in der Kathedrale haben, zu 100 % sicher ist man sich allerdings nicht.

Kneipen findet man heute nicht mehr in der Krypta der Christ Church Cathedral; Snacks und Getränke werden dort aber immer noch angeboten.

Dublinia – Mittelalter live

Gegenüber der Kathedrale, durch eine fast venezianisch wirkende Brücke verbunden, ist das ehemalige Synodengebäude, auch eine Spende Henry Roes. Heute die Heimat der sehr attraktiven Ausstellung **Dublinia** 2. Mit lebensgroßen Figuren, nachgebauten Straßenzügen und allerlei Informationen wird man in das mittelalterliche Dublin entführt. Und begegnet Bettlern, Pestopfern, Kaufleuten und mindestens einem Thronprätendenten. Weitere Räume sind Dublin unter den Wikingern gewidmet.

Wo Patrick missionierte

Die als »Nationalkathedrale« bischofslose **St. Patrick's Cathedral** 3 erreicht man über Nicholas Street und Patrick Street, an den viktorianischen Sozialwohnungen der **Iveagh Tenements** 4 vorbei. Im Park vor der riesigen grauen Kirche soll Patrick selber an einer Quelle getauft und auch die erste Kirche gebaut haben.

Das heute zu sehende Gebäude allerdings war das nicht, denn dank eines ungeeigneten Bodens stürzten immer wieder Teile der Kirche in sich zusammen. Erst seit der zweiten Hälfte des 19. Jh. kamen moderne Baumethoden zum Einsatz, durch großzügige Spenden des Bierbrauers Benjamin Guinness entstand auch hier die viktorianische Version einer mittelalterlichen Kathedrale.

Im Innenraum sind es meistens die alten Grabmäler, die die Besucher anziehen. Diese haben die

B
BOYLE

Das Boyle Monument ist eine der Hauptattraktionen im Innenraum der St. Patrick's Cathedral – das ursprünglich neben dem Altar aufgestellte Grabmal wurde 1632 von Richard Boyle, Earl of Cork, als Erinnerung an seine verstorbene Ehefrau Catherine errichtet, die ihm 15 (!) Kinder geboren hatte. Dem damaligen englischen Statthalter behagte der Standort jedoch nicht, da er auf keinen Fall vor einem Menschen aus Cork niederknien wollte – und so ließ er es verlegen.

Liebhaber alter Bibliotheken dürfen auf keinen Fall Marsh's Library verpassen – im Vergleich zu ihrer großen Schwester im Trinity College kann man hier den Büchern viel näher kommen.

wiederholten Katastrophen und Renovierungen überstanden und sind teilweise stark verziert. Bis zum Familienportrait – das **Boyle Monument** zeigt die gesamte Sippschaft vereint. Geradezu bescheiden dagegen das Grab des Dekans Jonathan Swift, Autor unter anderem von »Gullivers Reisen«. Auch dem letzten irischen Barden, Turlough O'Carolan, ist ein Denkmal gewidmet. Literarische Tradition, die sich im benachbarten Park fortsetzt: Hier sind Plaketten zur Erinnerung an wichtige Schriftsteller an einer Mauer angebracht.

Käfige für Bücherwürmer

In der **Marsh's Library** 5, in der St. Patrick's Close gelegen, kommen Bibliophile richtig zum Schwärmen. Die auf Geheiß des Erzbischofs Marsh gegründete Bibliothek ist nicht nur schön, sie ist auch diebstahlsicher. Wollte ein Nutzer besonders wertvolle Bücher lesen, wurde er mitsamt dem Buch in einem stabilen Käfig eingeschlossen. Die im Jahre 1701 von Sir William Robinson erbaute Bibliothek kann rund 25 000 Bücher aus dem 16., 17. und 18. Jh. im Bestand aufweisen. Wenn Sie sich schon immer fragten, wo Joyce und Swift ihre Ideen herbekamen – hier ließen sie sich inspirieren.

INFOS/ÖFFNUNGSZEITEN

Christ Church Cathedral 1: Christchurch Place, T 01 677 80 99, www.christchurch.ie, mind. Mo–Sa 9–17, So 12.30–14.30 Uhr, Erw. 6 €.
Dublinia 2: Winetavern Street, T 01 679 46 11, www.dublinia.ie, tgl. 9–17.30, März–Sept. 9–18.30 Uhr, Erw. 8,50 €.
St. Patrick's Cathedral 3: St. Patrick's Close, T 01 453 94 72, www.stpatrickscathedral.ie, Mo–Fr 9.30–17, Sa 9–17 (Sommer 9–18), So 9.30–10.30, 12.30–14.30, Sommer auch 16.30–18 Uhr, Erw. 6 €.
Marsh's Library 5: St Patrick's Close, T 01 454 35 11, www.marshlibrary.ie, Mo, Mi–Fr 9.30–17, Sa 10–17 Uhr, Erw. 3 €.
St. Audoen's Church 6: Cornmarket, T 01 677 00 88, April–Okt. tgl. 9.30–17.30 Uhr.

Cityplan: Karte 2, F 5 | **LUAS** Four Courts

Echtes Mittelalter

Doch zurück ins Mittelalter – an der High Street, westlich der Christ Church Cathedral, kann man noch pure Reste des mittelalterlichen Dublin sehen. Die **St. Audoen's Church** 6 ist Dublins einziges (weitgehend) komplett und unverändert aus dem Mittelalter erhaltenes Bauwerk. Die Kirche stammt in wesentlichen Teilen aus dem frühen 13. Jh., ist aber nach der Reformation der Church of Ireland zugefallen (die nebenan stehende, gleichnamige Kirche der Katholiken ist wesentlich jüngeren Datums). Der Turm allerdings, seit einer Explosion an den Quays im Jahr 1597 ständig renovierungsbedürftig, ist umgestaltet worden. Dennoch hängen in ihm drei der ältesten Glocken Irlands (gegossen 1423).

Der Park neben St. Audoen's endet einige Meter über der nördlich verlaufenden Cook Street – er wird von der **Stadtmauer Dublins** 7 begrenzt, sogar ein kleines Tor ist noch erhalten. Dieser Mauerabschnitt, sowie die Reste eines Wachturms in einem (durch Gitter zu betrachtenden) Untergeschoss eines Hauses in der Exchange Street Lower, sind die letzten Überbleibsel des mittelalterlichen Dublin.

Die kleine St. Audoen's Church wird gerne übersehen. Dabei ist die mittelalterliche Pfarrkirche keineswegs weniger interessant als die nur einen Straßenblock entfernte Christ Church Cathedral.

UM DIE ECKE

Am anderen Ufer der Liffey, nördlich der Four Courts in der Church Street, steht die **St. Michan's Church** 8 – zur Zeit der Wikinger entstanden, 1686 renoviert. Musikliebhabern ist die Kirche wegen ihrer Orgel bekannt, auf der Händel seinen »Messias« wenn nicht komponiert, dann zumindest vor der Erstaufführung geprobt haben soll. Den besonderen Reiz für die meisten Besucher bekommt St. Michan's jedoch durch ihre Gruft, in der aufgrund spezieller klimatischer Verhältnisse einige Leichen mumifizierten. Was man, mit zahlreichen Geschichten ausgeschmückt, auch heute noch gerne vorzeigt. Eine der Mumien wird gemeinhin ›der Kreuzritter‹ genannt, die Datierung auf die Zeit der Kreuzzüge erscheint jedoch gewagt und ist auch nicht so recht von Fakten unterlegt.
Church Street, T 01 872 41 45, Mo–Fr Nov.–März 12.30–15.30, März–Okt. 10–12.45 und 14–16.30, Sa ganzjährig 10–12.45 Uhr, Erw. 4 €.

Ü ÜBRIGENS

Rund um die Christ Church Cathedral sieht man im Gehwegpflaster zahlreiche Bronzetafeln, die verwitterte Alltagsgegenstände zeigen – die künstlerische Darstellung von Funden aus der Wikingerzeit, die original im Museum ruhen.

12

Hier wird einem nichts geschenkt – **im Guinness Storehouse**

Ein Prost auf Arthur, das gehört zum Dublinbesuch wie der Gang über die Ha'penny Bridge. Nun mag das schwarze Stout, gemeinhin schlicht Guinness genannt, nicht unbedingt jedermanns Sache sein. Aber wenn man schon mal da ist … Und Dublin ohne Guinness ist ja auch wie Düsseldorf ohne Alt.

Also ab ins Guinness Storehouse 1. Eine gigantische PR-Veranstaltung für Irlands bekanntesten Exportartikel. Und oft getragen von der Mär des »kostenlosen Guinness«. Doch kostenlos ist hier nichts. Nicht einmal in den Souvenirladen kommt man, ohne einen recht zünftigen Eintritt gezahlt zu haben. Und in dem ist dann, sofern man 18 Jahre oder älter ist, auch ein Pint Guinness enthalten.

Guinness, so weit das Auge reicht …

Der schwarze Stoff

Im Storehouse dreht es sich nur um Guinness. Genauer gesagt das Stout, den Guinness-Klassiker, andere Biere mit dem illustren Markennamen spielen eher Statistenrollen. Was teilweise doch unverdient ist – das vor allem in Immigrantenkreisen beliebte Guinness Foreign Extra Stout etwa, die afrikanische Version des schwarzen Getränkes, hat rund 80 % mehr Alkoholgehalt.

Solche Wissensperlen für das nächste Pub Quiz findet man im Guinness Storehouse, wenn man sich genug Zeit lässt. Im Rahmen einer Stadtrundfahrt schnell mal für ein Stündchen hineinschlendern, wobei schon rund 15 Minuten mindestens dem Genuss des ›kostenlosen‹ Pints gewidmet sein sollten, ist schlicht herausgeschmissenes Geld. Das Guinness Storehouse benötigt, will man wirklich auf seine Kosten kommen, einige Stunden, einen ganzen Nachmittag etwa.

Von Unten nach Oben

Denn die Ausstellung ist nicht nur multimedial, sie ist auch auf multiplen Ebenen untergebracht, und allein der Weg zur Gravity Bar ganz oben nimmt schon etwas Zeit in Anspruch. Ein Weg, der sich durch das weltgrößte (aber nur angedeutete) Guinness-Glas zieht. Wäre das Glas echt, könnte es 14,3 Millionen Pints halten.

Hinter dem Eingang im Souterrain, wo es sich schon gewaltig stauen kann, beginnt die Tour im Erdgeschoss – mit Blick auf den legendären Mietvertrag des Arthur Guinness – und geht dann recht beeindruckend quer durch die Zutaten, die in ein echtes Guinness gehören. Im 1. Stock wird der Brauprozess erklärt, danach die Küferei besucht und letztlich das Guinness per Straße, Bahn oder Schiff auf den Weg zum Kunden gebracht. Alles mit Originalelementen bis hin zu den Schmalspurloks illustriert. Der folgende 2. Stock wirkt recht leer, im »Taste Experience« wird der Besucher in

In der Old Jameson Distillery stehen die Whiskeyflaschen nicht nur im Regal, sondern hängen als Kronleuchter auch von der Decke.

UM DIE ECKE

Wer noch nicht genug vom Alkohol hat, erreicht nach rund 15 Minuten Spaziergang die **Old Jameson Distillery** 2, 7 Bow St. – heute ein Museum, in dem eine anschauliche Tour auf den Spuren des Irish Whiskey, samt Verköstigung, angeboten wird (www.jamesonwhiskey.com).

Ein weiteres Stück legendärer Guinness-Promotion: »A woman needs a man like a fish needs a bicycle« war der Slogan einer in Schwarz-Weiß gehaltenen Werbung, die einen Fahrrad fahrenden Fisch zeigte – gefolgt von dem Spruch »Not everything in black and white makes sense«. Nach genügend schwarz-weißen (!) Guinness ergibt aber vielleicht auch ein Fisch mit Fahrrad irgendwann Sinn …

Schnellbleiche zum Abschmecker ernannt. Nach diesem Schluss einer vermeintlichen Bildungslücke bietet der 3. Stock Werbung bis zum Abwinken. Die internationalen, oft Kultstatus erreichenden Anzeigen- und Filmreklamen bilden eine bunte Revue, inklusive singender Auster und, ja wirklich, einem Fisch auf einem Fahrrad. Im 4. Stock wird es wieder interaktiv, von der »Guinness Academy« (hier lernt man das fachgerechte Zapfen) bis hin zur Möglichkeit, seinen Besuch auf Social Media zu verewigen. Auf demselben Stockwerk ist auch das »Connoisseur Experience«, eine zusätzlich kostenpflichtige Verköstigung der Guinness-Sorten unter fachgerechter Anleitung. Wer danach Hunger hat, bekommt im 5. Stock Gelegenheit zu einem Imbiss, entweder rustikal oder etwas gediegener, mit dementsprechend unterschiedlichen Preisen.

Hoch über Dublin

Der 6. Stock erscheint dann schon gar nicht mehr auf der Liste (man durchquert ihn nur auf dem Weg nach oben), denn im 7. Stock wartet der Heilige Gral des Guinness … die Gravity Bar mit dem krönenden Pint vom Fass. Und diese Bar hat es in sich: Kann man sich zu der fast 360 Grad runden Fensterfront durch die Mittrinker durchkämpfen, hat man einen faszinierenden Blick auf Dublin. Das man allerdings aus der ungewohnten Perspektive oftmals ganz neu entdecken muss. Vielleicht aber der beste Blick, den man auf Dublin haben kann.

Cityplan: E 5 | **LUAS** James's

INFOS/ÖFFNUNGSZEITEN

Guinness Storehouse 1: St. James's Gate, T 01 408 48 00, www.guinness-storehouse.com, tgl. 9.30–19, Juli–Aug. –20 Uhr, Erw. 20 €.

KULINARISCHES FÜR ZWISCHENDRIN

Im Guinness-Tempel ist mein persönlicher Tipp das **Barge Café** im 1. Stock – ein kleiner Ecktresen mit Selbstbedienung, gesessen wird rund ums Atrium, gegessen wird zu durchaus akzeptablen Preisen, etwa deftiges Guinness-Brot dick mit Camembert belegt.

Vom Jagdrevier zur Freizeitanlage – **Phoenix Park**

13

Das Tor am Südwestende ist immer offen, Tag und Nacht, keine Sorge. Geht auch gar nicht anders. Denn zum Eucharistischen Kongress 1932 wurden die verschließbaren Metallgitter zeitweise entfernt, um beim Ansturm der gläubigen Massen zur Messe im Phoenix Park das Durchkommen zu erleichtern. Und dann hat man irgendwie vergessen, wo die Teile gelagert waren. Also ist der riesige Park seit mehr als 80 Jahren rund um die Uhr zugänglich.

Ein nächtlicher Besuch sollte dennoch nicht unbedingt auf der Prioritätenliste stehen. Zwar kann man dann reichlich Wildtiere beobachten, etwa von Papierkorb zu Papierkorb marodierende Dachse, aber die zweibeinigen Nutzer des Parks sind dann doch eher Zeitgenossen, denen man nur ungern im Dunkeln begegnen will. Und dunkel ist es, denn

Wenn Stadt und Natur aufeinandertreffen – im Areal des Phoenix Park lebt ein Rudel wilder Damhirsche.

selbst die Chesterfield Avenue wird lediglich von Gaslaternen mehr markiert denn beleuchtet. Was, zugegeben, ja auch recht romantisch aussieht. Zumindest, solange noch etwas Dämmerlicht vorhanden ist.

PER ZWEIRAD DURCH DEN PARK

Entspannt den ganzen Park erforschen, zumindest auf den ausgebauten Wegen (und davon gibt es reichlich), kann man mit Mietfahrrädern von **Phoenix Park Bike Hire:** T 08 62 65 25 68, www.phoenixparkbikehire.com, tgl. 10–18 Uhr, ca. 5 €/Std., 20 €/Tag.

INFOS/ÖFFNUNGSZEITEN

Phoenix Park Visitor Centre 2: T 01 677 00 95, www.phoenixpark.ie, April–Dez. tgl. 10–18, Jan.–März Mi–So 9.30–17.30 Uhr.
Áras an Uachtaráin 6: Führungen Sa 10.30–15.30 Uhr, Eintrittskarten im Visitor Centre (kostenlos).
Farmleigh 8: T 01 815 59 14, www.farmleigh.ie, tgl. 10–18, Führungen 10.15–16.15 Uhr.
Dublin Zoo 11: T 01 474 89 00, www.dublinzoo.ie, tgl. 9.30–18 Uhr (Okt.–Feb. frühere Schließung), Erw. 17 €.

KULINARISCHES FÜR ZWISCHENDRIN

Sowohl im Phoenix Park Visitor Centre wie auch in Farmleigh House sind gute Cafés, und auch der Zoo hat Restaurants.
Sehr schön (aber oft überlaufen) sind die im 19. Jh. erbauten **Phoenix Park Tea Rooms** 1 (zwischen Zoo und People's Gardens, T 01 671 93 76, 9.30–17.30, Okt.–März–16.30 Uhr).

Cityplan: A–D 2–4 | **LUAS** Heuston, Museum

Die beste Zeit, den Phoenix Park zu besuchen, ist tagsüber. Und weil der Park so viel zu bieten hat, kann man daraus fast einen Tagesausflug machen. Der leichteste Zugang zum Park findet sich nahe der Heuston Station (oder dem LUAS-Halt Museum), von hier sind es nur ein paar Minuten zum **Parkgate** 1, an dem die Hauptstraße, eben die Chesterfield Avenue, beginnt.

Geschichte und Ökosystem

Eine Einführung in den Park, seine Geschichte und seine Besonderheiten bietet das zentral gelegene **Phoenix Park Visitor Centre** 2. Mit Modellen und anderen Exponaten wird der Park erklärt – ursprünglich nämlich wurde das gesamte Gelände 1662 als königliches Jagdrevier angelegt und eingezäunt. Eine komplette Umfriedung mit Mauern sollte dafür sorgen, dass die importierten Hirsche und Rehe nicht den Jagdgesellschaften entgingen. Gejagt wird heutzutage aber nur noch einmal im Jahr aus ökologischer Notwendigkeit, nämlich wenn das Wild sich zu sehr vermehrt hat. Direkt neben dem Besucherzentrum, das in umgebauten Stallungen residiert, steht übrigens **Ashtown Castle** 3 – ein typisches irisches Turmhaus aus dem Mittelalter.

Staatsangelegenheiten

Der Weg zum Besucherzentrum geht über einen kleinen Kreisverkehr, auf dem eine **Phönix-Statue** 4 zu sehen ist (der Park hat seinen Namen jedoch vom irischen *fionn uisce*, ›klares Wasser‹). Von hier kann man mehrere Besichtigungspunkte ansteuern. Nicht für das Publikum geöffnet ist die ehemalige Residenz des britischen Staatssekretärs für Irland: **Deerfield Residence** 5 wurde vom unabhängigen Irland dem Botschafter der USA als Wohnung geschenkt. Eingeschränkte Öffnungszeiten gelten für das **Áras an Uachtaráin** 6 (wörtlich »Haus des Obersten«), Amtssitz des Präsidenten der Republik Irland. Das um 1750 erbaute Haus war einst dem Vizekönig zugeteilt.

Und dann ist da noch das gigantische **Papal Cross** 7, eine Stahlkonstruktion auf einem eigens aufgeschütteten Hügel, wo Johannes Paul II am 29. September 1979 eine Messe vor rund einer Million Menschen zelebrierte.

Im Norden des Parks findet sich außerdem das teuerste Bed & Breakfast Irlands, das im 18. Jh.

Ü ÜBRIGENS

Immer wieder liest man, der Phoenix Park sei der größte der Welt. Die offizielle Webseite www.phoenixpark.ie ist vorsichtiger, nennt ihn »einen der größten eingefriedeten Parks in einer europäischen Hauptstadt«. Richmond Park in London etwa hat rund 35 % mehr Fläche, ist aber in einem Vorort. Und in die Serra da Cantareira (offiziell ›Stadtpark‹ von São Paulo, Brasilien) passt der Phoenix Park dann gleich 91 Mal.

Neben dem 30 m hohen Papstkreuz ist das Wellington Monument der markanteste Anlaufpunkt im Phoenix Park.

für die Guinness-Familie gebaute **Farmleigh** 8, seit 2001 das offizielle Gästehaus der Republik Irland für Staatsbesuche – und kaum genutzt. Immerhin wird jetzt auch das einfache Volk eingelassen, wenn kein offizieller Anlass das Haus benötigt.

Natur gezähmt

Im Süden des Phoenix Park dominiert das gigantische **Wellington Monument** 9, mit 62 Metern der höchste Obelisk in Europa, die Gedenkreliefs sind aus der Bronze recycelter französischer Kanonen gegossen.

Da bieten die **People's Gardens** 10 schon ein friedlicheres Bild – auf einer Fläche von neun Hektar bilden die seit 1864 (tagsüber) offenen Anlagen eine Musterschau der viktorianischen Gartenbaukunst. Komplett mit Seen, Kinderspielplatz, Picknickplätzen und formell angelegten Beeten. In der Nähe frönt man auch eher wenig irischen Sportarten wie Polo und Cricket.

Einer der Publikumsmagnete im Phoenix Park ist jedoch nach wie vor **Dublin Zoo** 11, an Wochenenden und während der Sommerferien oft überlaufen, und seit 1831 ein fester Bestandteil unzähliger Familienausflüge. Der Zoo wurde in den letzten Jahrzehnten erheblich erweitert und mit neuen Konzepten verbessert. So können sich die Sibirischen Tiger in ihrem Freigehege bis auf wenige Millimeter den Besuchern nähern (hinter Panzerglas). Das Elefantengehege wurde als Teil eines Waldwegs angelegt, und verschiedene Tiere können auf einer Art Savanne fast wie in freier afrikanischer Wildbahn beobachtet werden.

Für die African Plains wurde die Fläche des Dublin Zoo im Jahr 2000 verdoppelt – die zusätzlichen 13 Hektar entstammen dem Gelände von Áras an Uachtaráin.

UM DIE ECKE

Kein Teil des Phoenix Park, aber direkt dran – der **Hole in the Wall Pub** 2, mit einem kleinen Fußgängereingang zum Park direkt daneben. Er nutzt mehrere Mitte des 17. Jh. gebaute und jetzt schlauchförmig verbundene Häuser und gilt als der längste Pub Irlands. Nicht unbedingt ideal, um Freunde zu treffen (man sucht sich halb tot, besser vor dem Eingang verabreden), aber durchaus gemütlich.
Blackhorse Avenue, T 01 838 94 91, www.holeinthewall.pub, Mo–Do 12–23.30, Fr 12–0.30, Sa 11–0.30, So 12–22 Uhr.

Kurzurlaub an Dublins kleiner Riviera – **Dún Laoghaire**

\# 14

»So I jumped on a bus to Dún Laoghaire« war schon bei Bagatellen der Fluchtplan aus Dublin. Im Gegensatz zu den etwas weiter südlich gelegenen Ausflugszielen Bray und Greystones, die bereits im County Wicklow liegen, befindet man sich in Dún Laoghaire (ausgesprochen etwa ›Danlieri‹) noch im alten County Dublin.

Der Hafen von Dún Laoghaire ist Naherholungsgebiet und oft Hauptanziehungspunkt. Immerhin nutzte ihn sogar Georg IV 1821 für seine Passage zurück nach Großbritannien. Was dann gleich im Stadtnamen verewigt wurde – lange war der Ort als Kingstown bekannt. Der heutige Bootsverkehr allerdings beschränkt sich auf gelegentliche

Sowohl East als auch West Pier von Dún Laoghaire wurden zu viktorianischen Zeiten errichtet und bestehen aus enormen Granitplatten. An Sommerabenden scheint der Granit im Licht der untergehenden Sonne zu leuchten.

M MARTELLO

Überall an der Dublin Bay sieht man die kurzen, dicken ›Martello-Türme‹. Diese sollten Küste und Häfen gegen Napoleon sichern. Konstruiert als Festungsanlagen mit schwerer Artillerie, wurden die Türme schnell wieder obsolet.

Kreuzfahrtschiffe und vor allem den Yachthafen, in dem aber dann auch gleich mehrere altehrwürdige Klubs aktiv sind.

Der Spaziergang hinaus auf dem Pier ist ein Klassiker. Hierfür wird durchweg der **East Pier** 1 genutzt, denn das westliche Pendant 2 ist zwar länger, aber wesentlich schlechter zugänglich und nicht so gut ausgebaut. Also strömt man lieber zur Ostseite des Hafens, und »hinaus ins Meer«, bis zum ebenso massiven, festungsartig konstruierten Leuchtturm. Mitten auf dem Pier ist ein kleines Steinhaus zu sehen, an einen antiken Tempel erinnernd und mit einer griechischen Inschrift versehen – eine der ersten Wetterstationen der Welt.

Irlands maritime Geschichte

Wer sich mehr für maritime Geschichte interessiert, sollte sich das (relativ kleine) **National Maritime Museum** 3 nicht entgehen lassen. Untergebracht in einer ehemaligen Seefahrerkirche, präsentieren sich kleinere Boote, Schiffsmodelle und zahlreiche Artefakte der irischen Seefahrt. Auf dem Weg dorthin ist auch die von Andrew O'Connor erschaffene Statue »Christ the King« interessant, die den Erlöser gleich in drei Aspekten darstellt. Die nahegelegene neue Bibliothek allerdings bleibt umstritten, vielen Einwohnern erscheint sie zu modern, zu dominierend.

Auch die kompakte **Innenstadt um die George Street** 4 ist einen Spaziergang wert. Die Häuser wirken teilweise mediterran, ja fast frivol. Der filigrane **Trinkbrunnen** 5 am Eingang zum Hafen, das deutlich im italienischen Stil gehaltene alte **Rathaus** 6, und so manches Privatgebäude könnten, wenn nicht am Mittelmeer selber, zumindest in Südengland stehen.

In Dún Laoghaire wirkt nicht nur der feine Victoria-Brunnen sehr verspielt, der im Jahr 1900 zu Ehren von Queen Victorias viertem Irland-Besuch errichtet wurde.

Die Nackten vom 40 Foot

Ein weiterer Klassiker ist der Spaziergang entlang der Scotsman's Bay, von Dún Laoghaire in Richtung Süden, immer am Meer entlang. Bald schon erreicht man Sandycove, wo auf einer Felsnase plötzlich nackte Männer herumspringen könnten. Und das ist so normal wie legal – an diese Felsformation geklammert ist die altehrwürdige Badestelle **40 Foot** 7, benannt nach einem britischen Regiment. Eigentlich nicht viel mehr als ein paar Betonstufen in

INFOS/ÖFFNUNGSZEITEN

National Maritime Museum 3: Haigh Terrace, T 01 280 09 69, www.mariner.ie, tgl. 10–17 Uhr (Okt.–März Mo geschl.), Erw. 5 €.
James Joyce Tower 8: Sandycove Point, T 01 280 92 65, www.jamesjoycetower.com, tgl. 10–16 Uhr, Eintritt frei.

KULINARISCHES FÜR ZWISCHENDRIN

Bagel und Kaffee auf der Terrasse mit Meerblick gefällig? Ab zu **Itsa** 1, The Pavilion, Royal Marine Road, Mo–Fr 8.30–17, Sa 9–17, So 10–17 Uhr.

Cityplan: Karte 4 | **DART** Dún Laoghaire, **Bus** 46

das eiskalte Wasser und ein kleiner Schuppen zum Umziehen. Oder eher Ausziehen, denn meistens wird hier nackt geschwommen, und traditionell bis vor kurzem nur von Männern. Erotisch? Die Herren der Schöpfung sind von höherem Durchschnittsalter und das Wasser sooo kalt.

Abschluss mit Joyce

Wenige Schritte von den Nacktbadern findet sich ein weiteres Museum für Dublins bekanntesten Emigranten, der sogenannte **James Joyce Tower** 8 – ein alter Martello-Turm, den Oliver St. John Gogarty als Wochenendhaus am Meer nutzte. Joyce war ein Gast, machte sich aber nach einer Schießerei schnell aus dem Staub. Dennoch machte er eben diesen Turm in »Ulysses« zum geografischen Beginn. Womit ein Museum hier fast Pflicht wurde.

Die Emanzipation macht eben auch vor altehrwürdigen Badestellen nicht Halt …

UM DIE ECKE

Dublins nettestes Dorf ist mit dem DART schnell von Dún Laoghaire erreicht (oder von Sandycove aus zu Fuß in etwa 20 Minuten). Dalkey hat eine fast spielzeughaft wirkende Innenstadt, komplett mit kleinen Burgen, Cafés und einem ganz eigenen Charme. Eine Burg dient als **Dalkey Heritage Centre** 9 und informiert sehr lebendig über die Geschichte des Ortes (www.dalkeycastle.com/).

#15

Halbinsel mit Weitblick – **Howth**

Dubliner zieht es an sonnigen Wochenenden in Massen in das kleine Hafenstädtchen Howth, von der tiefsten Innenstadt gerade einmal eine kurze Bahnfahrt im DART entfernt. Howth Head, wie die gesamte Halbinsel korrekt genannt wird, ist gewissermaßen das Naherholungsgebiet der Stadtmenschen. Howth ist aber auch, gerade in seiner kompakten Art, ein idealer Kontrapunkt zum Städtetourismus ohne Gnade. Denn hier ist der Besucher wirklich nicht mehr in Dublin City und dem ländlichen Irland schon recht nahe.

Der **Howth Summit** 1 ist gewissermaßen das Höchste der Halbinsel, jedenfalls was den Nahverkehr angeht. Nachdem sich der Bus (Linie 31) hier hochgearbeitet hat, sind es nur noch einige hundert Meter die Bailey Green Road bergauf, dann über den Parkplatz und schon geht es recht rapide bergab zur Dublin Bay. Mit einer an klaren Tagen wirklich herrlichen Aussicht bis nach Dún Laoghaire , auf die Wicklow Mountains und auf das Baily Lighthouse, das den Eingang zum Dubliner Hafen sichert.

Darf's der lockere oder doch der anspruchsvolle Cliff Walk sein?

Howth ist ein Fischerdorf wie aus dem Bilderbuch: Neben feinen Fischrestaurants finden sich Läden, in denen die frisch gefangenen Krebse, Hummer und Fische zu bestaunen sind, und um die bunten Fischerboote herum tummeln sich häufig Seehunde.

Hier ist auch die ideale Stelle, um den **Cliff Walk** zu beginnen. Die weniger aufregende Strecke führt nach Süden, umrundet Howth Head bis nach Sutton, wo man wieder Anschluss an Bus oder DART hat. Wesentlich spannender ist der Cliff Walk nach Norden, der sich hoch über dem Meer um die östliche Küste der Halbinsel schlängelt, an so abenteuerlich klingenden Felsenformationen wie Fox Hole, Piper's Gut und Green Ivy vorbei bis hin zur **Nose of Howth** 2. Von da geht es dann über Puck's Rocks und die Balscadden Road zurück in die Zivilisation, nämlich den eigentlichen Ort Howth.

Dörfliche Idylle

Im Ort selber ist die alte Kirche **St. Mary's** 3 interessant, leider eine Ruine. Die erste Kirche wurde an dieser Stelle von König Sitric Seidenbart 1042 gestiftet, der Dubliner Wikinger war in Sorge um sein Seelenheil. 1235 wurde ein Neubau fällig, und in der zweiten Hälfte des 14. Jh. wurde endlich die heute noch teilweise erhaltene Gemeindekirche errichtet. Diese wurde wiederum im 15. und 16. Jh. stark umgebaut, unter anderem um der Familie St. Lawrence, Herrscher auf Howth Castle, eine Privatkapelle und letzte Ruhestätte zu bieten. Das Grabmal des Christopher St. Lawrence, 13. Baron

Ü
ÜBRIGENS

Robben kann man an vielen Stellen sehr nahe kommen, in Howth sind sie fast garantiert – aber immer daran denken, die putzigen Gesellen sind Fleischfresser und knabbern alles an, was sie zu fassen bekommen. Auch Hände, die eigentlich nur streicheln wollen. Also: Finger weg, sonst sind die Finger weg!

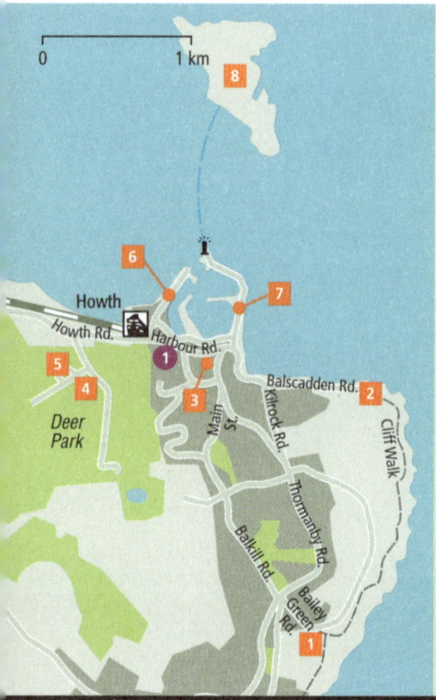

INFOS/ÖFFNUNGSZEITEN

National Transport Museum 5: Howth Demesne, T 01 832 04 27, www.nationaltransportmuseum.org, Sa, So und Fei 14–17 Uhr, Erw. 3 €.

KULINARISCHES FÜR ZWISCHENDRIN

Wer Hunger hat, kann den kleinen Takeaway von **Beshoff Bros 1**, 12 Harbour Road, ansteuern. Hier gibt es Fisch und Meeresfrüchte in vielen Varianten, und das traditionelle Fish and Chips ist vielleicht das Beste in ganz Irland. In Portionen serviert, die wirklich sattmachen. Übrigens war der erste Beshoff in Dublin, Ivan selber, ein Deserteur vom Panzerschiff Potemkin …

Cityplan: Karte 4 | **DART** Howth, **Bus** 31

von Howth (gestorben 1462) und seiner Frau Anna ist noch erhalten und durchaus sehenswert. Interessant ist auch ein kleines Grabmal an der Nordseite der Kirche, bestehend aus Straßenbahnschienen. Hier wurde ein unbekannter Bauarbeiter beigesetzt, den ein Arbeitsunfall bei der Errichtung der Tramstrecke nach Howth jäh dahinraffte.

Apropos: **Howth Castle 4**, etwas westlich der Bahnstation Howth im Deer Park gelegen, ist nicht zu besichtigen. Einen Blick ist es dennoch wert, denn immerhin steht die Festung hier seit rund 700 Jahren. Das heute zu sehende Gebäude ist eine ›Bearbeitung‹ durch den englischen Stararchitekten Sir Edwin Lutyens, um 1910 wurde das alte Gemäuer neu gestaltet. Dabei sind aber genug historische Elemente erhalten geblieben, sodass der mittelalterliche Eindruck teilweise noch überwiegt. In den ehemaligen Wirtschaftsgebäuden hat sich das **National Transport Museum 5** niedergelassen. Dieses zeigt Kraftfahrzeuge und Straßenbahnen aus den letzten hundert Jahren, teilweise echte Raritäten. Leiden tun diese vor allem unter Platzmangel, alles ist irgendwie zu eng und unübersichtlich.

Bummel am Meer

Die meisten Howth-Besucher sind an der Uferpromenade zu finden. Denn die hat es auch in sich. Wer mit dem DART ankommt, muss nur einige Meter nach links gehen und kann dann schon auf den **West Pier** 6 schlendern. Dies ist der kürzere der zwei Schutzwälle um den Hafen, heute noch im Gebrauch für die Fischerboote und ihren Fang. Und ein Treffpunkt der Robben, denn was hier an Fischresten über Bord segelt, das ernährt eine Robbenfamilie schon einige Zeit. Große Seefahrtsromantik strahlen die Stahlboote eigentlich nicht aus, eher riechen sie streng nach Diesel und Fischkadavern, aber meist bläst eine Brise dies schnell weg. Sehr zur Freude der ansässigen Betriebe, denn der West Pier hat sich auf ganzer Länge zu einem kulinarischen Mekka entwickelt: Restaurants bieten (hauptsächlich) Fischgerichte und Fischhändler so manches Schnäppchen, und auch den einen oder anderen Exoten. Die ganz Sparsamen angeln allerdings vom Ende des Piers selber. Das man nicht versäumen sollte – denn neben den winzigen (eingemeißelten) Fußstapfen König Georgs IV findet man hier auch den besten Blick auf den Hafenleuchtturm von Howth, der festungsartig am Ende des East Pier thront. Der Fußweg dahin allerdings ist ein guter Spaziergang.

Vom Parkplatz am südlichen Ende des West Pier geht man die Harbour Road entlang in östliche Richtung, am Yacht Club und den Rettungsstationen vorbei, bis die Promenade am **East Pier** 7 endet. Dieser führt dann in einer weit ausladenden Kurve um den Hafen herum bis zum Leuchtturm, wobei man den Weg entweder auf der Schutzmauer oder dem breiteren Fahrweg machen kann. Am Ende des Piers bietet sich dann nicht nur ein schöner Blick auf die Insel **Ireland's Eye** 8 (Boote fahren von Howth, allerdings zu saisonal stark schwankenden Zeiten), sondern auch auf Howth selber. Der Leuchtturm kann nicht besichtigt werden, eine Bronzeplakette verweist jedoch auf seinen geschichtlichen Wert:

1914, am letzten Sonntag vor Ausbruch des Ersten Weltkriegs, landeten Erskine Childers und Freunde hier einige hundert deutsche Waffen für die irischen Nationalisten an. Das »Howth Gun-Running«, am hellichten Tag durchgeführt, ging prompt in die Legende des Freiheitskampfes ein.

Die Aussicht auf das Baily Lighthouse hat das Zeug zur Postkarte.

R RÜHMANN

Howth, vor allem die Perspektive vom West Pier mit dem Leuchtturm im Hintergrund, kann bekannt vorkommen – in Heinz Rühmanns erstem »Pater Brown«-Film landete der kriminalistische Kleriker hier. Frisch verbannt auf die verrufene, gottlose Insel Abbot's Rock. »Hübsch hässlich habt ihrs hier.«

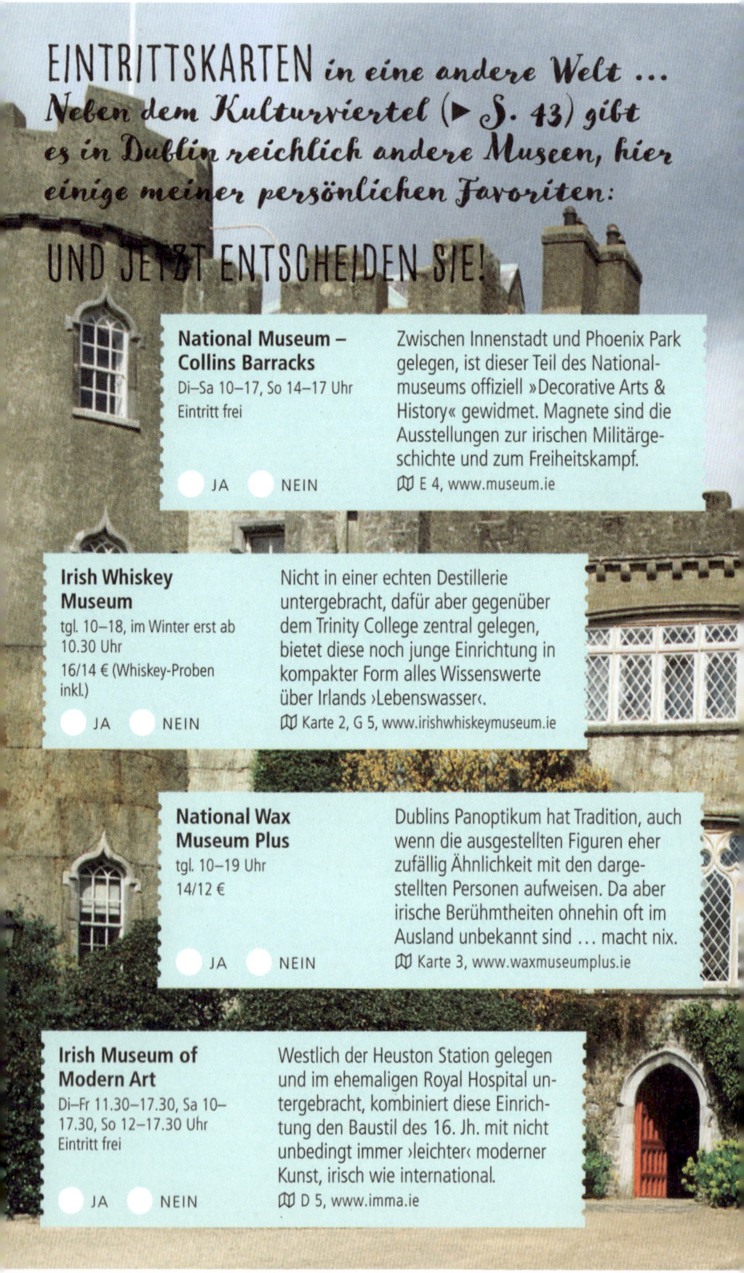

EINTRITTSKARTEN *in eine andere Welt …*

Neben dem Kulturviertel (▶ S. 43) gibt es in Dublin reichlich andere Museen, hier einige meiner persönlichen Favoriten:

UND JETZT ENTSCHEIDEN SIE!

National Museum – Collins Barracks
Di–Sa 10–17, So 14–17 Uhr
Eintritt frei

Zwischen Innenstadt und Phoenix Park gelegen, ist dieser Teil des Nationalmuseums offiziell »Decorative Arts & History« gewidmet. Magnete sind die Ausstellungen zur irischen Militärgeschichte und zum Freiheitskampf.
🕮 E 4, www.museum.ie

○ JA ○ NEIN

Irish Whiskey Museum
tgl. 10–18, im Winter erst ab 10.30 Uhr
16/14 € (Whiskey-Proben inkl.)

Nicht in einer echten Destillerie untergebracht, dafür aber gegenüber dem Trinity College zentral gelegen, bietet diese noch junge Einrichtung in kompakter Form alles Wissenswerte über Irlands ›Lebenswasser‹.
🕮 Karte 2, G 5, www.irishwhiskeymuseum.ie

○ JA ○ NEIN

National Wax Museum Plus
tgl. 10–19 Uhr
14/12 €

Dublins Panoptikum hat Tradition, auch wenn die ausgestellten Figuren eher zufällig Ähnlichkeit mit den dargestellten Personen aufweisen. Da aber irische Berühmtheiten ohnehin oft im Ausland unbekannt sind … macht nix.
🕮 Karte 3, www.waxmuseumplus.ie

○ JA ○ NEIN

Irish Museum of Modern Art
Di–Fr 11.30–17.30, Sa 10–17.30, So 12–17.30 Uhr
Eintritt frei

Westlich der Heuston Station gelegen und im ehemaligen Royal Hospital untergebracht, kombiniert diese Einrichtung den Baustil des 16. Jh. mit nicht unbedingt immer ›leichter‹ moderner Kunst, irisch wie international.
🕮 D 5, www.imma.ie

○ JA ○ NEIN

Irish Jewish Museum
Mai–Sept. So–Do 11–15.30,
sonst So 10.30–14.30 Uhr
Eintritt frei

Das Museum jüdischen Lebens in Irland zeigt in der ehemaligen Synagoge in Portobello vor allem Dokumente und Erinnerungsstücke der immer weiter schrumpfenden jüdischen Gemeinde.

JA NEIN

F 6, www.jewishireland.org

Glasnevin Cemetery Museum
tgl. 9–18 Uhr
ab 6 €

Ein modernes, sehenswertes Museum, von dem aus auch geführte Touren starten. Beleuchtet wird die Geschichte des Friedhofs selber, inklusive nachgestelltem Grabraub. Per Multimedia wird das Finden von Gräbern erleichtert.

JA NEIN

F 2, www.glasnevintrust.ie

GAA Museum in Croke Park
Mo–Sa 9.30–17, So 10.30–17 Uhr
6,50/5,50 €

Die Geschichte der Gaelic Athletic Association (GAA), des strengen Dachverbandes der irischen Nationalsportarten, plus Einführung in den Sport. Schwindelfreie dürfen bei gutem Wetter die Aussicht vom Dach genießen.

JA NEIN

G 3, www.crokepark.ie

Dublin City Gallery – The Hugh Lane
Di–Do 9.45–18, Fr 9.45–17,
Sa 10–17, So 11–17 Uhr
Eintritt frei

Direkt am Parnell Square zeigt sich hier eine regelmäßig wechselnde Sammlung moderner Kunst, die Sir Hugh Lane 1908 durch eine Stiftung begründete. Unter anderem mit Francis Bacons komplettem Londoner Studio.

JA NEIN

Karte 2, nördl. F 4, www.hughlane.ie

Malahide Castle
tgl. 9.30–17.30 Uhr
12/8 €

Eine eher schlossähnliche Burg, Besichtigung der Innenräume und Gärten ist möglich. Das Schloss wurde mit historischen Möbeln und Gemälden aus dem Bestand der Nationalgalerie vollkommen neu ausgestattet.

JA NEIN

Karte 4, www.malahidecastleandgardens.ie

Die Dubliner Museumslandschaft

Die gute Nachricht: Einige der spektakulärsten Museen und Galerien in Dublin kosten gar nichts und können Besucher mehrere Tage auf Trab halten. Dazu gehören das **National Museum** (Kildare Street, ▶ S. 43, und Collins Barracks, ▶ S. 78), die **National Library** (▶ S. 45), die **National Gallery** (▶ S. 45), das **Irish Museum of Modern Art** (▶ S. 78), die **Hugh Lane Gallery** (▶ S. 79), das **Natural History Museum** (▶ S. 46) und die **Chester Beatty Library** (▶ S. 59). Leider bringt die Finanzierung aus Steuergeldern oft eingeschränkte Öffnungszeiten mit sich, so auch den ›museumsfreien Montag‹.

Die denkbar schlechtesten Tage zum Museumsbesuch sind Samstag und Sonntag, dann ist halb Dublin auf den Beinen und um Kultur bemüht, vor allem Eltern mit Kindern. Andererseits gilt: »Je früher, desto besser!« Weder Einheimische (Schulklassen auf Ausflug ausgenommen) noch Besucher drängen unmittelbar nach Öffnung der Museen und Galerien durch die Eingänge. Mindestens bis zur Mittagszeit bleibt es meistens sehr ruhig.

TIPPS FÜR DEN BESUCH DER DUBLINER MUSEEN

Der wichtigste Tipp zuallererst: Unbedingt vorher die **Museums-Webseite** besuchen, denn dann kann man sparen. Und das ist bei den teilweise satten Eintrittspreisen schon interessant – das Guinness Storehouse etwa kostet im Internet statt 20 € ›nur‹ 18 € (Weekend Early Bird mit 16 € ist dann schon ein Schnäppchen). Und wenn kein **Online-Rabatt** gegeben wird, dann garantiert das vorbestellte Ticket oft zumindest **›Fast Track‹** am Eingang, vor allem bei beliebten Zielen wie dem Dublin Zoo schon den Aufwand wert.
Kombitickets sind dagegen relativ selten – Christ Church Cathedral und Dublinia etwa bieten dies, auch die Jeanie Johnston und Dublin Discovered, damit wären aber die interessantesten Ziele schon abgedeckt. Die Anschaffung einer Heritage Card (Infos unter www.heritageireland.ie) lohnt sich für einen reinen Dublin-Aufenthalt nicht, zum Dublin Pass finden Sie auf S. 111 einige Informationen.

Die Jeanie Johnston lässt sich auch mit dem Dublin Pass besichtigen.

Rebellen in Dublin

Für viele Besucher ist Dublin immer noch durch den Osteraufstand von 1916 besonders interessant – Rebellion entbehrt nun mal nicht einer gewissen Romantik. Die wichtigsten Stätten, etwa das General Post Office in der O'Connell Street oder das etwas außerhalb gelegene Kilmainham Gaol, bleiben Pflichtprogramm.

Letztes Aufgebot

Moore Street 🗺 Karte 2, westl. G 4

Als etwas unbekannteren Ort sollte man die Moore Street auf der Liste haben. Hierher hatten sich die Rebellen in der Endphase zurückgezogen, von hier aus marschierte Pearse zur Kapitulation an der Barrikade zur Parnell Street.

Erster Brennpunkt

General Post Office 🗺 Karte 2, G 4

Das GPO beherbergt heute eine Ausstellung zur Geschichte der Rebellion. Schwerpunkte: das Gebäude selbst und die Ereignisse darin und drum herum. Wobei jetzt auch ein Innenhof für Publikum geöffnet wurde, der allerdings erst nach dem Neubau in den 1920ern entstand.

O'Connell Street, www.anpost.ie, tagsüber geöffnet

Gelöcherte Brüste

Daniel O'Connell 🗺 Karte 2, G 4

Bei näherer Betrachtung weisen einige Figuren des gigantischen Monuments Löcher auf, etwa die großen Engel in ihren wogenden Busen. Einschüsse aus der Zeit des Osteraufstandes eben.

O'Connell Bridge

Improvisierte Festung

Royal College of Surgeons

🗺 Karte 2, F/G 5

Nach der Besetzung des St. Stephen's Green verschanzten sich hier die Rebellen. Die klassischen Säulen und auch der Rest der Fassade weisen heute noch die Spuren britischer Schüsse auf.

Westseite St. Stephen's Green, www.rcsi.ie, keine Besichtigung

Hinrichtungsstätte

Kilmainham Gaol 🗺 D 5

In diesem Gefängnis wurden 1916 die Führer des Aufstands hingerichtet. Die 1795 errichtete viktorianische Strafanstalt befindet sich in unverändertem Zustand.

Inchicore Road, www.kilmainhamgaolmuseum.ie, tgl. 9.30–17.30 Uhr (im Sommer länger), 8/4 €

Letzte Ruhe

Arbour Hill Cemetery 🗺 E 4

Hier wurden die hingerichteten Anführer von 1916 in einem Massengrab beerdigt.

Arbour Hill, www.opwdublincommemorative.ie, Mo–Fr 8–16, Sa 11–16, So 9.30–16 Uhr

Ü

ÜBRIGENS

Bei aller Rebellenseligkeit sollte man nie vergessen, dass Irland nicht nur ein Land der heroischen Taten, sondern auch des gemeinen, feigen Mordens war (teilweise sogar noch ist) – in Dublin am ehesten spürbar in der Talbot Street, wo ein einfaches Monument an 33 Menschen erinnert, die am 17. Mai 1974 in Dublin und Monaghan durch vier Autobomben getötet wurden. Das Denkmal steht an der Einmündung zur Amiens Street, weit weg von den eigentlichen Attentatsorten. Wer nun die Autobomben damals verantwortete, ist zweitrangig, denn die Taktik des schieren Terrors gegen Zivilisten wurde von beiden Seiten angewendet.

Dublins architektonisches Erbe

Dublin hat Architektur – und zwar auch solche, die aus der Masse herausragt. Weswegen man sich durchaus auch einmal in Ruhe einige Gebäude zumindest von außen ansehen sollte, die nicht unbedingt zu den Tourismusschwerpunkten gehören. Hier eine (zugegeben recht subjektive) Auswahl:

Nobel geht die Regierung pleite

Government Buildings 🕮 Karte 2, G 5
Die Government Buildings, der irische Regierungssitz, befinden sich direkt neben Leinster House (dem Parlament). Vollkommen überdimensioniert für ein so kleines Land, mag man denken. Nun ja, eigentlich war der prachtvolle, palastartige Bau ja auch gar nicht als Regierungsgebäude geplant. Was hier steht, ist eines der letzten britischen Großprojekte, 1910 entstanden die Gebäude für das Royal College of Science. Das dann aber nie einzog, stattdessen wurde der Komplex von Verwaltungsstellen be- und abgenutzt. Und dann unter Charles Haughey unter Millionenkosten mitten in Zeiten der Wirtschaftskrise aufwändig renoviert. Weswegen sich der weiße Prachtbau im Volksmund den Namen ›Chaz Mahal‹ erwarb. Besichtigungen sind nur im Rahmen einer geführten Tour möglich.

Merrion Street Upper, www.heritageireland.ie/en/dublin/governmentbuildings

Dublins würzigstes Gotteshaus

Pepper-Canister Church 🕮 nördl. H 6
Unweit dieser Pracht steht die bescheidenere, aber interessante Kirche St. Stephen's, auch ›Pepper-Canister Church‹ (Pfefferstreuerkirche) genannt. Wegen dem kleinen, eben an ein Würzbehältnis erinnernden Türmchen. Allerdings ist die Kirche aus der Entfernung schöner, als sie aus der Nähe dann wirkt. Wem sie bekannt vorkommt: Auf dem Cover der Boyzone-CD »By Request« bildet sie den Hintergrund.

Mount Street Crescent, Gottesdienst (Church of Ireland) jeden ersten Sonntag im Monat, gelegentliche Konzerte (www.facebook.com/LunchtimeatthePeppercanister), sonst kein Zutritt

Verstecktes Universitäts-Heiligtum

University Church 🕮 Karte 2, G 6
Ein versteckter Schatz ist die katholische University Church, offiziell ›Our Lady, Seat of Wisdom‹. Ein eher unauffälliges Portal führt zu einem langen, schmalen Gang, an dessen Ende sich unvermittelt das prachtvolle Kirchenschiff anschließt. Die Mitte des 19. Jh. erbaute Kirche macht stellenweise einen byzantinisch-orientalischen Eindruck. Und die (nur noch als Kopie vorhandenen) Wandmalereien wurden tatsächlich in diesen kräftigen, ja fast schreienden Farben bestellt.

Südseite St. Stephen's Green (87a), werktags in der Regel tagsüber zugänglich, Gottesdienstzeiten unter www.universitychurch.ie

Dublins Prachtbau ›Chaz Mahal‹

Theater à la Libeskind

Bord Gáis Energy Theatre H 5

Weitaus modernere und säkulare Architektur findet sich an den Grand Canal Docks, die seit einigen Jahren gereinigt und herausgeputzt eine neue Daseinsberechtigung als Veranstaltungsraum unter freiem Himmel bekamen. Der post-industrielle Charme von langsam verrottenden Dampfern und in Randbereichen kampierendem fahrendem Volk ging verloren. Stattdessen dominiert jetzt moderne Architektur, Metall und Glas als bevorzugte Elemente nutzend. Aushängeschild (und das wirklich sehenswerteste Gebäude) ist das erst 2010 eröffnete Bord Gáis Energy Theater, für das Daniel Libeskind verantwortlich zeichnet.

Grand Canal Square, T 01 677 79 99, www.bordgaisenergytheatre.ie, Zutritt ohne Karten nur für das Foyer

Von Gasspeicher zu Wohnraum

Alliance Building H 5

Weniger bekannt, aber kaum weniger sehenswert, ist etwa 500 m Luftlinie entfernt ein ehemaliger Gasometer, dessen Stahlgerüst stehen blieb und jetzt Teil der sonst weitgehend aus Glas bestehenden Fassade des faszinierenden Alliance Building ist.

South Lotts Road, Besichtigung nur von außen

Sozialbauten mit Guinness-Geld

Iveagh Trust Karte 2, F 5

Innovation ganz anderer Art, und eines anderen Zeitalters, ist im westlichen Teil der Stadt zu sehen – und zwar bei den Wohngebäuden, die der Iveagh Trust zwischen Patrick Street und Bride Street nördlich der Saint Patrick's Cathedral errichtete. Eine komplette ›Kleinstadt‹ des sozialen Wohnungsbaus, inspiriert von der Guinness-Familie, und mit eigener Badeanstalt sowie Kultureinrichtungen.

Patrick Street, www.theiveaghtrust.ie, Besichtigung nur von außen

Markante Markthalle

Iveagh Market Karte 2, F 5

Da für dieses Projekt Marktflächen weichen mussten, errichtete die Genossenschaft auch den Iveagh Market. Interessant die Details dieser Markthalle: Köpfe repräsentieren die verschiedenen Länder, aus denen Waren kamen. Dabei werden heute garantiert nicht mehr politisch korrekte Stereotypen verwendet. Und wenn die Levante von einer äußerst verschlagenen Gestalt repräsentiert wird, wirkt das heute fast rassistisch.

Francis Street, Besichtigung nur von außen

Zeitgeschmack von Gestern

Busáras Karte 2, G 4

Und zum Thema »Wandel der Zeiten« kann die zentrale Busstation Busáras als Paradebeispiel herangezogen werden – wer hier heute hin muss, der schwärmt garantiert nicht von der Schönheit des Gebäudes oder seinen modernen Einrichtungen. 1955 sah man das eben anders, als das Royal Institute of the Architects of Ireland dem Team um Michael Scott eine Goldmedaille für besondere architektonische Leistungen verlieh. Sic transit gloria mundi … aber immerhin ist dies architektonische Kleinod rund um die Uhr zugänglich.

Zwischen Store Street und Amiens Street, www.buseireann.ie.

B BIERSTADT

Laufen macht Durst, und für viele Besucher ist Dublin auch Bierstadt. Aber immer nur Guinness? Oh nein, das muss nicht sein: Dublin hat mehr zu bieten, wenn es um Hopfen und Malz geht. Keineswegs nur Importbiere wie Heineken, Budweiser oder Smithwicks, sondern auch hausgemachtes Bier. **Craft Beers** sind in Irland im Kommen, und kleine Brauereien schießen wie Pilze aus dem Boden. Marken, nach denen man Ausschau halten sollte? Four Provinces, Rascal's, Sweetman, Otterbank, 5 Lamps, Porterhouse – alle in Dublin gebraut.

Pause. Einfach mal abschalten

In Dublin zur Ruhe kommen, so man denn will (99 % der Party People scheinen da anderer Meinung zu sein und tun dies auch laut kund), das ist schon eine schwierige Aufgabe. Nicht unbedingt weil es an Gelegenheiten mangelt, sondern eher weil viele dieser Gelegenheiten versteckt sind. »Hidden in plain sight«, also nur nicht wahrgenommen, sind die meisten davon. Und wirklich so versteckt, dass nur Insider ihn finden, ist ein ganzer Innenstadt-Park.

Versteckter Park im Zentrum

Iveagh Gardens 🕮 G 6

Nur einen Katzensprung südlich des St. Stephen's Green liegt einer der wenigen echten Geheimtipps Dublins, auch wenn die Büroarbeiter der Umgebung ihn für ihre Mittagspause entdeckt haben. Die Iveagh Gardens, im 19. Jh. von Ninian Niven gestaltet und einst Privatbesitz der Guinness-Familie, befinden sich seit 1939 in staatlicher Hand, versteckt zwischen hohen Gebäuden. Ein formell angelegter Park, der wirklich meistens Ruhe bietet. Kurios: Ein Teil des Parks ist die einzige Bogen-Schießbahn Irlands, unter der zudem ein Elefant begraben liegt. Verschiedene Statuen und Brunnen, ein Wasserfall und ein Labyrinth sorgen für das Flair eines verwunschenen Märchengartens.

Haupteingang Clonmel Street, tagsüber geöffnet

Die Flaniermeile der Büroarbeiter

St. Stephen's Green 🕮 G 5/6

Gleich nebenan auf dem St. Stephen's Green, dem Mittelpunkt der südlichen Innenstadt, herrscht dagegen oft Trubel – eingerahmt von Regierungsgebäuden, Universitätsinstituten, Einkaufszentren und Hotels ist ›The Green‹ zwar eine grüne Lunge in der Innenstadt, aber auch ein sehr beliebter Aufenthaltsort. Meist werden jedoch, das freut dann wieder, nur die Hauptwege und die unmittelbare Umgebung des Sees genutzt. Wer sich ein wenig Zeit nimmt, wird

Die Iveagh Gardens wirken wie Dublins geheimer Garten.

in der Parkanlage auch die etwas versteckten Details und echten Ruhezonen finden. Etwa am Denkmal für William Butler Yeats, geschaffen von Henry Moore, und versteckt auf einer baumreichen Anhöhe westlich des zentralen Platzes.
Tagsüber geöffnet

Aus Kirchenhand geschenkt

Archbishop Ryan Park 🕮 Karte 2, G 5
Und dann ist da natürlich noch der Archbishop Ryan Park – hier war eine riesige katholische Kathedrale geplant, der Geldmangel der Kirche stoppte das jedoch, und man schenkte den Park den Bürgern Dublins. Die im Park zu sehenden Statuen und Kunstwerke, vom Narren-Stuhl für Dermot Morgan (›Father Ted‹) bis zur beklemmenden Figurengruppe »Victims«, laden zum Flanieren und Sinnieren ein. Überlaufen sind allenfalls der Kinderspielplatz und die nordwestliche Ecke des Parks, wo Oscar Wilde überlebensgroß auf einem Stein herumlungert.
Merrion Square, tagsüber geöffnet

Brot unter den Armen verteilt

St. Ann's 🕮 Karte 2, G 5
Wenn das Wetter nicht mitspielt, findet man in den Parks auch keine Erholung. Dann sind vor allem Kirchen als Ruheorte zu empfehlen – beispielsweise die anglikanische Gemeindekirche St. Ann's: Seit 1723, kurz nach Eröffnung der Kirche, finanziert der Nachlass Lord Newtons Brotlaibe für die Armen, die auch heute noch in einem Regal vorrätig gehalten werden. Wer sich für Musik interessiert: Jeden Donnerstag um 13.20 Uhr finden kleine Konzerte in St. Ann's statt.
Dawson Street, www.stann.dublin.anglican.com, tagsüber geöffnet

Spirituelle Zuflucht

Trinity College Chapel 🕮 Karte 2, G 5
Wer im eigentlich immer recht lebendigen Trinity College ein wenig Ruhe braucht, der kann Irlands einzige ökumenische Kirche nutzen. Diese wird von Anglikanern, Katholiken und Methodisten gemeinsam genutzt. Und ist generell ein Ort der Zuflucht, wenn alles etwas hektisch wird.

Ideal für eine kleine Auszeit – der Liffey Boardwalk

Und wenn für den auch wenig genutzten New Square (östlich der Rubrics) das Wetter eben zu schlecht ist.
Parliament Square, tagsüber geöffnet

Holzsteg über der Liffey

Liffey Boardwalk 🕮 Karte 2, F/G 4/5
Und dann wäre da noch der Liffey Boardwalk am Nordufer in der Innenstadt – bei Sonnenschein und wenig Wind ein netter Ort für eine Pause. Leider aber auch gelegentlich von weniger sympathischen Gestalten genutzt, etwa für kleine Transaktionen illegaler Art.

Ü ÜBRIGENS

Die vielleicht versteckteste Ruhezone in Dublin ist der **Dachgarten der Chester Beatty Library,** der mehr als nur einen Hauch von Zen bietet – modern und doch traditionell, hoch über den Dubh Linn Gardens, und weit weg von den Massen. Allerdings bei schlechtem Wetter auch geschlossen. Dann kann man ja einen Kaffee im Erdgeschoss zu sich nehmen.

ZUM SELBST ENTDECKEN

Wer sich per **Airbnb** in Dublin günstig einmieten will, der sollte unbedingt über die Kartenansicht suchen. Denn wirklich preisgünstige Unterkünfte gibt es meistens nur in Vororten, teilweise mit schlechter Verkehrsanbindung. Und Vorsicht: Betrug mit ›Hilfe‹ von Airbnb (etwa durch Geschäftsabschluss außerhalb der Plattform) ist nicht unbekannt.

Unterkünfte unmittelbar in **Temple Bar** sind nur Leuten zu empfehlen, die gute Ohrstöpsel mitbringen oder ohnehin nicht schlafen wollen. Der Vorteil: Bei vielen kann man vom Bett direkt in die Kneipe taumeln. Und irgendwann zurück.

In Bonos Betten …

… schläft es sich, so hört man jedenfalls, recht gut. Nicht in seinem Privathaus im dezent-noblen Killiney, sondern direkt an der Liffey, im Clarence Hotel, das der Frontmann von U2 zusammen mit seinem Gitarrenhelden The Edge schon 1992 als eher heruntergekommene Immobilie kaufte und mit Steuergeschenken zur Luxusherberge umwandelte. Wer hier nächtigt, der hat eben auch Kleingeld in Bono-Regionen.

Überhaupt hat Dublin mehr als genug Zimmer für Leute, die nicht unbedingt jeden Euro kalkulieren müssen. Und zur Hauptreisezeit, oder wenn Großveranstaltungen ins Haus stehen, dann steigt der Zimmerpreis in der irischen Metropole sowieso schneller und höher als der Blutdruck des Buchungswilligen.

Am anderen Ende der Skala stehen die zahlreichen Hostels, von denen so manches den Begriff Kaschemme mit neuem Leben erfüllt. Gut schlafen ist anders.

Was tun, wo buchen? Auf gut Glück nach Dublin zu reisen und dann schnell eine Unterkunft zu suchen, das schlagen Sie sich mal ganz schnell aus dem Kopf. Zumindest wenn der Übernachtungsetat länger als einen Tag reichen soll. Ein wenig Planung ist schon erforderlich. Komplett mit Karte, denn so manche Herberge geht mit den Ortsbeschreibungen recht liberal um.

Und das familiengeführte einfache Bed & Breakfast, so ›typisch Irland‹ … das findet sich im Stadtkern ohnehin nicht.

Kylie kann sich das Clarence offenbar leisten.

Touristenhotel mit Rummel

Arlington Hotel O'Connell Bridge

Karte 2, südwestl. G 4

Zentraler geht es kaum noch, vom Arlington schaut man auf O'Connell und Ha'penny Bridge. Als Stadthotel von durchaus annehmbarem Komfort, mit renovierten und teils kleinen Zimmern. Im Erdgeschoss herrscht regelmäßig am Abend Trubel, der gut besuchte Pub mit irisch-traditionellem Unterhaltungsprogramm ist ein Publikumsmagnet.

Bachelors Walk, O'Connell Bridge, Dublin 1, T 01 804 91 00, www.arlington.ie, DZ 98 €

Öko-Hostel etwas abseits

Avalon House Karte 2, F 5

Dublins Öko-Hostel mit Nutzung von Wind- und Sonnenenergie ist nicht mitten drin, aber nahe dran – Temple Bar und die südliche Innenstadt sind leicht zu Fuß zu erreichen. Mit kleinem ›Kino‹, Stadtrundgängen und hauseigenem Café ein Favorit der Backpacker, Familienzimmer bieten etwas mehr Privatsphäre für die gesetzteren Reisenden.

55 Aungier Street, Dublin 2, T 01 475 00 01, www.avalon-house.hostel.com, DZ 32 €, Bett 18 €

Mitten im Temple-Bar-Leben

Barnacles Temple Bar House

Karte 3

Wer sich das volle Temple-Bar-Erlebnis geben will, der ist hier im Schlafsaal fein aufgehoben. Das sehr saubere Haus gehört preislich in die Billigklasse, dies und die zentrale Lage gleichen die teilweise eingeschränkte Nachtruhe wieder aus (Tipp: auf einem Zimmer im hinteren Teil des Hauses bestehen, da rumpeln wenigstens nur die anderen Gäste).

19 Temple Lane, Dublin 2, T 01 671 62 77, www.barnacles.ie, Bett 22 €

Gut erreichbar am Busáras

Beresford Hotel Karte 2, G 4

Früher als »Isaac's Hotel« bekannt und mittlerweile erheblich aufgemöbelt, kann dieses Haus als guter Ausgangspunkt für einen Stadtaufenthalt dienen. Unmittelbar neben der zentralen Busstation Busáras (sowie einer der aktivsten Polizeistationen Irlands) und nahe der Connolly Station gelegen, zur Innenstadt ist ein etwa fünf Minuten dauernder Fußmarsch die Abbey Street hinunter erforderlich.

Store Street, Dublin 1, T 01 813 47 00, www.beresfordhotelifsc.com, DZ 125 €

Kopfende der O'Connell Street

The Charles Stewart Karte 2, G 4

Bezahlbare Unterkunft in einem georgianischen Haus direkt am Parnell Square? Gibt es hier in renovierten Räumen mit einem Hauch ›alte Zeiten‹ (teilweise im Mobiliar zu finden, teilweise in der altmodischen Aufteilung des Hauses), aber akzeptablem Standard ohne große Schnörkel. Die O'Connell Street beginnt nur wenige Schritte weiter südlich, nach dem Irish Breakfast kann der Stadtbummel also unmittelbar beginnen.

5/6 Parnell Square, T 01 878 03 50, www.charlesstewart.ie, DZ 92 €

Verwinkelt in Zentrumsnähe

Clifden Guesthouse nördl. G 4

Wohnen in einem rund 200 Jahre alten georgianischen Gebäude im Joyce'schen Herzland? Das kann man in den 15 Zimmern dieses Hauses zwischen Dublin Writers' Museum, James Joyce Centre und Mountjoy Square. Gut, die Zimmer sind klein, einfach ausgestattet, das Haus ist verwinkelt, aber insgesamt bietet man einen annehmbaren und bezahlbaren Standard in der Stadtmitte.

32 Gardiner Place, Dublin 1, T 01 874 63 64, www.clifdenhouse.com, DZ 84 €

Hostel für Anspruchsvolle

Generator Hostel E/F 4

So sieht es aus, wenn ein auf die obere Klasse zielendes Hotel die Ziele nicht erreicht – denn das exklusive »Chief O'Neill's« wurde kurzerhand zum Hostel für alle umgewidmet. In einer relativ ruhigen Lage im sanierten Smithfield, zur Innenstadt nur ein kurzer Fußweg. Hostel mit Komfort, inklusive Bar, Restaurant, Kinoraum, Wäscherei und Jacuzzi. Und Betten im Schlafsaal wie auch in Doppelzimmern.

Smithfield Square, Dublin 7, T 01 901 02 22, www.generatorhostels.com, DZ 80 €, Bett 20 €

Im georgianischen Herzland

Harcourt Hotel F/G 6

Nur wenige Schritte vom Saint Stephen's Green entfernt liegt dieses Hotel, eigentlich das zusammengelegte Ende einer georgianischen Häuserzeile. Echte Nostalgie kommt aber nicht auf, dazu wurde zu viel umgebaut und etwas wahllos modernisiert. Sehr lebendiger Pub im Erdgeschoss, und lärmempfindliche Gäste sollten auf ein Zimmer nach hinten raus bestehen, denn vor dem Hotel fährt und bimmelt der LUAS.

60–65 Harcourt St., Dublin 2, T 01 487 36 77, www.harcourthotel.ie, DZ 140 €

Die Party-Absteige am Trinity College

Kildare Street Hotel Karte 2, G 5

Nur einen Steinwurf von Trinity College und National Museum entfernt – und dementsprechend beliebt. Zimmer mit bis zu drei Doppelbetten deuten an, dass hier der Spagat zwischen Hostel und Hotel gewagt wird. Warnung: Viele Stag und Hen Parties!

47–49 Kildare Street, T 01 866 56 26, www.thekeycollection.ie/kildare-street-hotel.html, DZ 140 €

Direkt am Meer

King Sitric Karte 4, nördl. außerhalb

Wem Innenstadtnähe nicht so wichtig ist, der kann nach Howth ausweichen und ›Urlaub am Meer‹ genießen. Und zwar unmittelbar an der Irischen See, in diesem kleinen, gemütlichen Hotel mit Meerblick. Und noch mehr: Das gleichnamige und hervorragende Fischrestaurant King Sitric ist im Haus. Für den Abendspaziergang am Hafen ideal, und Busse in die Dubliner Innenstadt fahren quasi vor der Haustür ab.

East Pier, T 01 832 52 35, www.kingsitric.ie, DZ 160 €

Ideal für Frühflieger

Maldron Hotel Dublin Airport

Karte 4, nördl. außerhalb

First World Problems – preisgünstige Flüge starten in Dublin oft sehr früh. Und dann kann eine Unterkunft nahe bei Gold wert sein. Das Maldron ist so nahe wie kein anderes, und zwar direkt auf dem Flughafengelände gelegen. Ein kaum inspirierender Flachbau mit mehr praktischen denn schönen Zimmern, aber dafür bezahlbar, und mit Bar und Restaurant aufwartend. Der ganz große Bonus: Die Terminals sind weniger als fünf Minuten Fußweg entfernt.

Dublin Airport, T 01 808 05 00, www.maldronhoteldublinairport.com, DZ 100 €

Kette, aber praktisch

Maldron Hotel Parnell Square

Karte 2, F 4

Wenn es auch einmal moderne (und weitgehend gesichtslose) Kette sein darf, dann ist dieses Hotel der Mittelklasse durch seine sehr günstige Lage in der nördlichen Innenstadt zu empfehlen. Geboten werden in dem erst wenige Jahre alten Hotel große, sehr bequeme und überraschend ruhige Zimmer, sowie ein reichhaltiges Frühstücksbuffet.

Parnell Square West, Dublin 1, T 01 871 68 00, www.maldronhotels.com, DZ 130–270 €

Altmodische Eleganz

Pembroke Townhouse H 6

Richtig nett altmodisch, aber mit modernem Komfort – hier wurden drei georgianische Häuser zusammengelegt, in einer ruhigen Seitenstraße relativ nahe der Innenstadt. Die sehr gemütlichen Zimmer könnten zwar etwas größer sein, aber das hervorragende Frühstück à la carte macht das am Morgen schnell wieder wett.

90 Pembroke Road, Ballsbridge, Dublin 4, T 01 660 02 77, www.pembroketownhouse.ie, DZ 150 €

Dorfhotel mit Weintresor

Red Bank House Karte 4, nördl. außerhalb

Mitten im Dorf Skerries, nördlich von Dublin City am Meer, ist dieses Hotel tatsächlich in einer ehemaligen Bank untergebracht, deren vorherrschende Farbe Rot ist. Elegant ausgestattete

Ruhe und Komfort am Meer trotz Städtereise? – Das gibt's im Red Bank House.

Räume, sehr gemütlich eingerichtet, und nur ein paar Gehminuten vom Strand (oder dem Zug direkt nach Dublin hinein) entfernt. Das Restaurant im Haus ist vor allem für seine Desserts berühmt, und der Wein wird im Tresorraum verwahrt.

5–7 Church Street, T 01 849 10 05, www.redbank.ie, DZ 64 €

Wie in Frankreichs Süden?

Royal Marine Hotel Karte 4, südl. außerhalb

Im südlichen Vorort Dún Laoghaire kann das an der Hauptstraße gelegene Hotel nach langer Renovierung mit modernen, aber komfortabel eingerichteten Zimmern punkten. Eine überlegenswerte Alternative zu den teuren Stadthotels. Mit dem Vorteil, dass man entweder an Dublins Mini-Riviera spazieren gehen oder eben mit Bus oder DART schnell in die eigentliche Hauptstadt gelangen kann.

Marine Road, Dún Laoghaire, T 01 230 00 30, www.royalmarine.ie, DZ 125 €

Zurück in die Schulzeit

Schoolhouse Hotel H 5/6

Hier geht man dann wirklich gerne in die Schule – das charaktervolle Haus am Grand Canal ist ein leicht umgebautes, aber durchaus noch erkennbares altes Schulgebäude. Mit einer altmodischen, aber hervorragend in Schuss gehaltenen und vor allem komfortablen Einrichtung. Aus den großen Betten mag man am Morgen gar nicht mehr raus.

2–8 Northumberland Road, Dublin 4, T 01 667 50 14, www.schoolhousehotel.com, DZ 160 €

Apartments für Selbstversorger

Staycity Serviced Apartments

Die Alternative zum Hotel, ein ganzes Apartment in Dublin – komplett mit einem (vielleicht etwas sterilen) Einblick in das Thema »und wie leben Einheimische in der Stadt?« Für Familien oder gute Freunde geeignet, insgesamt an vier Orten in Dublins Stadtmitte zu finden, und bei rechtzeitiger Buchung und flexiblen Reisedaten oftmals erstaunlich günstig (einige Apartments bieten bis zu sieben Betten bei Kosten unter 80 €). Die eigene Küche kann auch beim Sparen helfen!

Infos unter www.staycity.com/dublin

Am Rande des Kneipenwahnsinns

Temple Bar Hotel Karte 3

Dieses Hotel ist zwar nicht allzu persönlich, doch ist es zentral gelegen, noch bezahlbar und trotz unmittelbarer Nähe zu Temple Bar erstaunlich ruhig! In diesem recht teuren Bezirk ist das Haus die ideale Unterkunft für Kompromissbereite.

Fleet Street, Temple Bar, Dublin 2, T 01 677 33 33, www.templebarhotel.com, DZ 150 €

ZUM SELBST ENTDECKEN

Carvery und **Deli Counter** sind die Worte, nach denen es sich Ausschau zu halten lohnt. Erstere, oft in Pubs zu finden, bietet deftige Hausmannskost rund um den Braten. Letztere ist eine feste Einrichtung in vielen Supermärkten und auch kleineren Geschäften, wo warmes Essen von Würstchen im Schlafrock *(sausage roll)* bis zu Curry mit Reis zum Mitnehmen verkauft wird. Beide sind zudem in der Regel preislich durchaus attraktiv.

Süßer als im Cake Café kann Sünde nicht sein.

Dublin Coddle oder Böhmische Knödel?

Auf den ersten Blick scheint das Thema »Essen gehen in Dublin« vor allem vom transatlantischen Standardmenü dominiert, denn Schnellrestaurants internationaler Ketten gibt es in Hülle und Fülle. In bewährter Qualität, sodass man im Notfall zumindest nicht verhungern muss. Und um den Saint Patrick's Day einen »Shamrock Milkshake« im Dubliner McDonalds zu schlürfen hat ja auch etwas.

Aber das muss nicht sein. Denn Dublin hat kulinarisch mehr zu bieten im weiten Feld zwischen plattgedrücktem Fleischklops und Michelin-Stern.

Vor allem ist das Essen in der irischen Hauptstadt in den letzten Jahren immer internationaler geworden. Und die Esser selber experimentierfreudiger, sodass sich die obskursten Restaurants halten können. Vor allem, wenn die ihre Gerichte nicht unbedingt mit Gold aufwiegen lassen, um die Rechnung zu kalkulieren. Denn preiswert muss es, zumindest jenseits der einst gut gefüllten Spesenkonten, in Dublin auch sein. Im Sinne von »seinen Preis wert«, nicht unbedingt nur billig.

Dazu kommen zwei Faktoren, die den Gaumen verwöhnen helfen – zum einen ist da eine gewisse Renaissance traditioneller irischer Kochkunst (für Nicht-Iren oft ein Oxymoron). Zum anderen sind da die Immigranten, die ihre heimische Küche nach Dublin importiert haben. Was man schnell auch beim Metzger merkte – Schweineohren etwa, vor zehn Jahren noch allenfalls als Hundefutter auf dem Markt, sind wieder im Angebot. Und wandern unter anderem in irische und polnische Kochtöpfe. Gourmetsache wurden andere Teile, die man sonst nur noch den Ärmsten andrehen konnte – Schnauze und Pfote stehen wieder hoch im Kurs.

Und so kann man heute in Temple Bar etwa zwischen einem aufgepeppten Dublin Coddle (einer Art Wursteintopf) und Böhmischen Knödeln wählen. Wenn nicht die koreanische Kantine auf der anderen Liffeyseite verlockender ist.

So beginnt ein guter Tag in Dublin

Hip, nicht nur für Hipster

Brother Hubbard Karte 2, nördl. F 5

Das Café ist unscheinbar, in einer Straße abseits der traditionellen Fußgängerwege, aber schon mal schnell voll – ein Geheimtipp ist es schon lange nicht mehr, jedenfalls nicht unter hungrigen Dublinern. Frühstück gibt es deftig oder süß, mit gutem Kaffee, der wirklich wach macht. Danach geht es dann mit einer bunten Speisekarte den ganzen Tag über weiter. Eines der meist gelobten Cafés in Dublin, aber der Erfolg scheint den Betreibern nicht zu Kopf zu steigen.

153 Capel Street, T 01 441 11 12, www.brotherhubbard.ie, Mo–Fr 5–17.30, Sa 10–17, So 11–17 Uhr, ca. 10 €

Bodenständige Basis

Café Kylemore Karte 2, G 4

James Joyce steht vor der Tür, der Spire ist in Sicht – das Café Kylemore ist eine der zentralsten Einrichtungen auf Dublins Northside. Und bei Einheimischen wie Besuchern beliebt, vor allem wegen des reichhaltigen Irish Breakfast. Keine Haute Cuisine, sondern »wie bei Muttern«. Kann zeitweise recht voll werden (um die Mittagszeit besser vermeiden), Frühaufsteher sind meist im Vorteil.

1 O'Connell Street Upper, T 01 872 22 37, Mo–Mi 7.30–19, Do–Sa 7.30–20, So 10–19.30 Uhr, ca. 9 €

Nicht nur Kuchen

The Cake Café F 6

Der Name lässt eine Feinbäckerei vermuten, aber neben süßen Sachen werden hier auch etwas würzigere Speisen serviert – von der empfehlenswerten Rote-Beete-Suppe bis hin zu gegrillten Makrelen im Salat. Nicht alles ist frühmorgens erhältlich, aber ein herzhaftes Frühstück mit erstklassigen Sandwiches sollte dennoch gesichert sein.

Daintree Building, Pleasants Place (westlich der Iveagh Gardens), T 01 478 93 94, www.thecakecafe.ie, Mo–Sa 9–18 Uhr, ca. 9 €

Italienisch mit Stil

Dunne & Crescenzi Karte 2, G 5

Wer den Tag mit Panini und Espresso starten will, der ist hier richtig, denn das italienische Flair punktet immer noch über den verschiedenen Versuchen, eine irisch-mediterrane ›Fusion‹ zu kreieren. Beliebt bei den Büroangestellten der Innenstadt, die sich aber selten zu einem gemütlichen Frühstück niederlassen. Früh kommen und dann in Ruhe den Tag einläuten ist hier das beste Motto.

16 Frederik Street South, T 01 675 98 92, www.dunneancrescenzi.com, Mo–Sa ab 8, So ab 10 Uhr, ca. 12 €

Bagels wie in New York

Itsa Karte 2, südwestl. G 4

Die kleine Kette Itsa (früher »Itsabagel«) begründete ihren Ruhm mit Bagels in unzähligen Varianten … und wer ein Frühstück mit Anklängen an New York will, der ist hier richtig. Von der einfachen Variante mit Butter bis hin zu gigantischen Kreationen unter Verwendung verschiedenster Zutaten wird nach wie vor der Bagel serviert, dazu aber auch Kuchen und gegen Mittag Suppe. Unbedingt auf Kombiangebote achten, es kann gespart werden.

»The Prick with the Stick«

MOORE STREET MALL

Wer vor exotischer Kost nicht zurückschreckt, keinen großen Komfort braucht und noch dazu günstige Preise schätzt, der ist zwischen etwa 12 und 18 Uhr in der Moore **Street Mall** (Karte 2, F/G 4, direkt unterm Lidl) gut aufgehoben. Bei unserem letzten Besuch fanden sich zwei indisch-pakistanische Buffets mit Selbstbedienung und ohne Nachschlaggrenze, dieselben Restaurantkonzepte mit schwarzafrikanischen und mauritischen Köchen, ein polnischer Imbiss (Papst Johannes Paul II. gewidmet) und ein ›Jugoslawe‹. Richtig pappsatt werden kann man ab etwa 7 €.

Itsa im Arnotts, Eingang Abbey Street, T 01 804 45 55, www.itsa.ie, Mo–Mi und Fr 9.30–19,30, Do 9.30–20.30, Sa 9–19.30, So 11–18.30 Uhr, ca.10 €

Klein aber fein

Keogh's Café Karte 2, westl. G 5

Im Trubel der Innenstadt kann man Keogh's schon mal übersehen, sollte man aber nicht. Der Tag beginnt mit dem kompletten Irish Breakfast, danach dann reihen sich Muffins, Scones, Nudelgerichte und sogar das beliebte Guinness and Beef Stew aneinander. Bei durchaus zivilen Preisen (Wraps und Panini vielleicht ausgenommen), zumindest was das Dubliner Innenstadtlevel betrifft. Der Außenbereich ist aufgrund des Verkehrs nur für Hard-Core-Raucher annehmbar.

1 Trinity Street, T 01 677 85 99, www.keoghscafe.ie, Mo–Di 7–19, Mi–Sa 7–20, So 9–19 Uhr, ca. 12 €

WO ESSEN AUF NACHHALTIGKEIT TRIFFT

Aus dem Füllhorn

Cornucopia Karte 2, westl. G 5

Vollwertkost und vegetarisch – hier kann man fast nichts falsch machen. Cornucopia hat sich zu einem festen Bestandteil der kulinarischen Szene Dublins entwickelt, seit 1986 serviert man hier vom Frühstück bis zum Abendessen nachhaltige Kost. Abgerundet mit organischen Weinen und (Do–Sa abends) Musik mit Harfe und Gitarre. Himmlisch!

19/20 Wicklow Street, T 01 677 75 83, www.cornucopia.ie, Mo–Di 8.30–21, Mi–Sa 8.30–22.15, So 12–21 Uhr, 10–18 €

Tradition mit Nachhaltigkeit

The Fumbally nördl. F 6

Wenn man ein »All Day Breakfast« im Angebot sieht, dann ist das meistens das Zeichen für einfache Alltagskost aus Supermarkt-Zutaten, serviert samt schmierigem Besteck. Nicht so im Fumbally, wo eben dieser irische Dauerbrenner aus lokal hergestellten, so organisch wie möglich erzeugten Zutaten auf den sauberen Tisch kommt. Samt selbstgemachtem Kefir oder Kombucha.

Fumbally Lane (südlich St. Patrick's Cathedral), T 01 529 87 32, www.thefumbally.ie, Mo–Fr 8–17, Sa 10–17 Uhr, 8–16 €

Hare Krishna kocht

Govinda's Karte 2, F 5 und G 4

Die zwei Restaurants unter dem Namen des Beschützers der Kühe sind so vegetarisch, wie es nur geht – und verwenden möglichst lokal erzeugtes oder sogar selbst angebautes Gemüse. Was dann sehr schmackhafte Gerichte in durchaus satt machenden Portionen ergibt. Betrieben werden die einfach eingerichteten Restaurants von Mitgliedern der ISKCON, besser bekannt als »Hare Krishnas«. Und keine Angst, es stehen keine Buchverkäufer neben dem Tisch!

4 Aungier Street, T 01 475 03 09, Mo–Sa 12–21 Uhr und 83 Middle Abbey Street, www.govindas.ie, Mo–Sa 12–21, So 12–19 Uhr, 6–12 €

Ehrlich gut!

Honest to Goodness Karte 2, östl. F 5

Hier wird so natürlich wie möglich gekocht, die Zutaten kommen aus ausgewählten Quellen, und das Brot wird selber gebacken. Also ›ehrliches Essen‹, kombiniert mit einem Schuss

Experimentierfreudigkeit am Tresen. Der Reigen beginnt am Morgen mit gesundem Frühstück und führt über Suppen und Sandwiches bis hin zu Pizza und Hühnchenteilen am Abend.

12 Dame Court, T 01 633 77 27, www.honesttogoodness.ie, Mo 8–17, Di–Mi 8–22, Do–Fr 8–23, Sa 9–23, So 10–16 Uhr, 10–18 €

Vegetarisches aus dem Orient

Umi Falafel Karte 3

Mit Anleihen aus der Küche des Maghreb hat Umi Falafel in Dublin den Markt für vegetarisches Essen in Bewegung gebracht – zum Guten hin, denn die hausgemachten Falafel, Halloumi und Säfte haben nicht nur tierfreundliche Zutaten, sondern auch die benötigte Würze. Auch zum Mitnehmen geeignet, bei günstigen Preisen und sehr freundlichem Personal. Mittags und am Abend schon mal hektisch, der frühe Nachmittag empfiehlt sich für einen etwas späten Mittagsimbiss.

13 Dame Street, T 01 670 68 66, www.umifalafel.ie, tgl. 12–22 Uhr, 8–14 €

Institutionen und Szenetreffs

Etwas exklusiver darf es sein?

Bang Restaurant Karte 2, südl. G 5

Ein modernes Restaurant auf drei Ebenen, das sich gerne mit moderner Kunst schmückt und eine gute Auswahl an Gerichten bietet, von betont einfach bis zu fast verkünstelt aufwändig. Gute Cocktails und immer noch vernünftige Preise machen das Lokal beliebt, eine Reservierung ist aber unbedingt erforderlich. Empfehlenswert sind das »Pre-Theatre Menu« (bis 20 Uhr) und das »Tasting Menu«.

11 Merrion Row, T 01 400 42 29, www.bangrestaurant.com, Mo–Do 17.30–22, Fr 17.30–23, Sa 17–23, So 17–21.30 Uhr, 16–28 €

Feiern mit dem Fassmacher

Barrelman's Feast südwestl. F 4

Wer Lust auf gutes Essen und Trinken sowie etwas Trubel hat – in der Saison von April bis Oktober werden in der Old Jameson Distillery Abendveranstaltungen unter dem Titel »Barrelman's Feast« angeboten. Einige Stunden Programm mit Musik, Geschichten und Step-Tanz, ein Cocktail, und ein wirklich schmackhaftes und portionsmäßig ausreichendes Essen kosten rund 50 € pro Person. Hemmungslos touristisch, aber ein Riesenspaß.

Bow Street, T 01 807 23 48, www.jamesonwhiskey.com.

Die Bulette vom Feinsten

Bobo's Gourmet Irish Burgers nordöstl. F 6

Wer die herzhafte Bulette, also neudeutsch den Burger, richtig gut essen will, der kehrt den Ketten den Rücken zu und strebt zu Bobo. Wo es dann eben den Fleischklops auf Brötchen gibt, angerichtet in den wildesten Variationen, mit noch wilderen Namen. »Sex on the Farm« etwa bietet vor allem scharfe Zutaten, »The Greek« und »The Moroccan« bestechen mit Lammfleisch. Irgendwie alles barbarisch, aber dennoch wohlschmeckend.

50–51 Dame Street, T 01 672 20 25 oder 22 Wexford Street, T 01 400 57 50, www.bobos.ie, Mo–Mi 12–22, Do–So 14–24 Uhr, Burger 8–10 €, Pommes ab 4 €

Wie im Wilden Westen

Break for the Border Karte 2, F/G 5

Mega-Pub auf mehreren Ebenen, das beliebte Restaurant im Obergeschoss

F
FISCH

Wer sich mit Fisch den Bauch vollschlagen will, der geht am besten in den **Fischereihafen** – in Howth, am West Pier, finden sich gegenüber den Anlegestellen der Kutter Fischrestaurants von zwanglos bis fein, mit Angeboten für jeden Geldbeutel (bei **Beshoff Bros** auch als Takeaway in hoher Qualität). Mehr Fisch, in mehr Variationen, geht in Dublin nicht.

serviert sehr gute, vom amerikanischen Süden inspirierte Küche zu durchaus vernünftigen Preisen. Dazu bietet man einen Blick auf die tief unten gelegene Tanzfläche. Kann gerammelt voll sein, wer in Ruhe essen will, sollte früh kommen.

2 Johnston's Place, Lower Stephen Street, T 01 478 11 90, www.breakfortheborder.com, Do 17–23.30 Uhr, Fr 17 Uhr bis spät, Sa 12 Uhr bis spät (wobei ›spät‹ eigentlich ›früh‹ ist …), 10–18 €

Ein wenig Montmartre

Café en Seine Karte 2, G 5

Hier wurden keine Kosten gescheut, als es um Ausstattung und Ambiente ging – es ist ein Palast. Sehr populär bei den ›beautiful people‹ der irischen Hauptstadt, oder zumindest denen, die sich dafür halten. Küche ›international mit französischem Einschlag‹, wobei das Steak-Sandwich oder der Quiche mit Salat empfehlenswert sind. Aufpassen bei der Bestellung … da alles einzeln berechnet wird, kann sich schnell ein erkleckliches Sümmchen anhäufen.

40 Dawson St., T 01 677 45 64, www.cafeenseine.ie, Mo–Di 12–24, Mi–Sa 12–3, So 12–23 Uhr, 12–24 €

EPICUREAN FOOD HALL

Eine Dubliner Institution ist die **Epicurean Food Hall** (Karte 2, südl. F/G 4), deren gut versteckte Eingänge in der Abbey Street Middle und Liffey Street Lower in einen überdachten Hinterhof führen. Rund um eine zentrale Piazza haben sich hier die verschiedensten Küchen etabliert – darunter türkisch, italienisch, mexikanisch, asiatisch und griechisch. Um die Mittagszeit und nach Büroschluss herrscht Trubel, ansonsten kann man hier durchaus gepflegt (und dazu relativ preiswert) essen. Naturgemäß liegt der Schwerpunkt eher auf Hausmannskost denn auf Sterneküche, gut ist es allemal.

1 Liffey Street Lower, T 01 283 60 77 (Verwaltung), www.epicureanfoodhall.com, Mo–Mi 9–19, Do–Sa 9–19.30, So 10–19.30 Uhr.

Für französische Küche ist das »Chapter One« Dublins Anlaufstelle Nr. 1.

Dublins ›Stamm-Franzose‹

Chapter One Karte 2, nordöstl. F 4

Dieses Restaurant in der nördlichen Stadtmitte besticht durch klassisch-französische Küche und gute Käseauswahl, zu den Spezialitäten gehören langsam gekochte Fleischgerichte und die Fischplatte. Spezielles (günstiges) »Pre-Theatre Menu« muss zwischen 17.30 und 18 Uhr geordert werden, Tische werden um 19.30 Uhr geräumt.

18/19 Parnell Square, T 01 873 22 66, www.chapteronerestaurant.com, Di–Fr 12.30–14, Di–Sa 19.30–22.30 Uhr, 12–22 €

Wein und irische Spezialitäten

Ely Winebar Karte 2, südl. G 5

Man kommt nicht unbedingt zum Wein trinken nach Irland (obwohl es tatsächlich irische Weine gibt), aber Ely hat sich mit einer guten Auswahl zu nicht übertriebenen Preisen einen Stammplatz in Dublins gastronomischer Welt erarbeitet. Dazu gibt es irische Gerichte, die oft mit Zutaten von der eigenen (organischen) Farm gekocht werden.

22 Ely Place, T 01 676 89 86, www.elywinebar.ie, Mo–Do 12–23.30, Fr 12–0.30, Sa 17–0.30 Uhr, 10–24 €

Kartoffel mal anders

Gallagher's Boxty House Karte 3

Hier regiert der bescheidene »Boxty«, die irische Variation der Kartoffelveredlung, irgendwo zwischen Knödel und

Kartoffelbrot anzusiedeln. Sollte man einmal gegessen haben … und bei Gallagher gelingt dies am einfachsten. Mitten in Temple Bar bietet man hier irische Hausmannskost und auch einige moderne Varianten – das vegetarische Chili ist nur ein Beispiel.

20/21 Temple Bar, T 01 677 27 62, www.boxtyhouse.ie, tgl. 12–22.30 Uhr, 12–20 €

Spanisch am Markt

Market Bar & Tapas Karte 2, östl. F 5

Diese einfach ausgestattete Bar in der George's Street Market Arcade nutzt einen alten Lagerraum. Eine sehr rustikale Atmosphäre in der man nicht so sehr auf Äußerlichkeiten achten muss. Gute und wirklich schmackhafte Portionen, ideal für einen Snack. Die Market Bar ist vor allem am Abend sehr beliebt, dann hat man oft so gut wie keine Privatsphäre, in einem sehr lauten Ambiente.

14a Fade Street, T 01 613 90 94, www.marketbar.ie, Mo–Do 12–23.30, Fr–Sa 13.30–1.30, So 12–23 Uhr, 8–16 €

Ü ÜBRIGENS

Auf Kul-Tour durch Dublin stellt sich früher oder später auch das Bedürfnis nach Speis und Trank ein – und dann empfehle ich gerne die Cafés direkt in den Museen. Das National Museum in der Kildare Street oder die National Gallery of Ireland etwa haben eines. Und die sind beide nicht schlecht. Man ist sowieso im Museum, muss nicht suchen und kann sich einen Moment hinsetzen.

Irische Tradition

The Pig's Ear Karte 2, G 5

Etwas verstecktes Restaurant mit traditionellem irischem Essen, modern und kreativ zubereitet. Hier wird nicht das alte irische Motto »alles kochen, bis es sich nicht mehr wehrt« gepflegt, das sei schon vorweg gesagt. Dennoch

Dublins Gastronomie ist von einem multikulturellen und lockeren Flair geprägt.

finden sich gewöhnungsbedürftige (aber leckere) Dinge wie Black Pudding (Grützwurst) auf der Karte. Einfach Mut fassen und ausprobieren.

4 Nassau Street, T 01 670 38 65, www.thepigsear.ie, Mo–Sa 12–14.45 und 17.30–22 Uhr, 12–26 €

Pub-Essen mit Qualität

Quays Irish Restaurant Karte 3

›Pub grub‹, also der Imbiss in der Kneipe, hat nicht den besten Ruf. Aber in den schönen Quays darf man durchaus zugreifen, denn hier hat man aus der Not eine Tugend gemacht – im Pub selber flüssige Nahrung, im Restaurant feinere Gerichte. Das Slow Cooked Beef and Guinness Stew ist eine Sünde wert, von den Desserts gar nicht zu reden.

10–12 Temple Bar, T 01 679 19 23, www.quaysrestaurant.com, tgl. 12–22.30 Uhr, 10–18 €

Asiatisch aus dem Baukasten

Soder + Ko Karte 2, östl. F 5

Restaurantchef Kwanghi Chan hat keine Angst vor Innovation, und seine asiatische Speisekarte beginnt mit Rohkost und endet mit den wildesten Kombinationen, die die Küche hergibt. Eines der angesagtesten Chinarestaurants der Stadt, das den Begriff »chinesische Küche« mit neuem Leben füllt. Und das vor allem am Wochenende schnell brechend voll ist.

64 South Great George's Street, T 01 478 15 90, www.soderandko.ie, Mo–So 12–15 und 17–23 Uhr, 12–22 €

Bring Your Own Booze

The Vintage Kitchen Karte 2, südl. G 4

Wer hier isst, der darf sich seine alkoholischen Getränke selber mitbringen (oder aus dem benachbarten Mulligan's holen) – so umgeht dieses kleine, versteckte Restaurant die teure Schanklizenz. Ansonsten bietet man traditionelle Küche, hergestellt aus bevorzugt örtlichen Zutaten. Mittagsmenü-Empfehlung: die Wildpastete!

7 Poolberg Street, T 01 679 87 05, www.thevintagekitchen.ie, Di–Fr 12–14.30, Di–Sa ab 17.30 Uhr, 10–18 €

Traditionelle Hausmannskost, raffiniert zubereitet – das gibt es im Pig's Ear.

Kulinarisches Sieger-Treppchen

Winding Stair Karte 2, nordöstl. F 5

Das Motto des Restaurants im Buchladen könnte lauten: »Mach eine Sache gut, dann verfeinere sie!« Statt ausufernden Kreationen bekommt man hier eine Palette von hervorragend zubereiteten Essens-Mittelpunkten (etwa Krebs, Scholle oder Rippchen), die dann mit passenden Zutaten ergänzt, aber nicht überwältigt werden. Manchmal tut es eben frisches Brot und zerlassene Butter. Volles Haus fast immer inklusive.

40 Lower Ormond Quay, T 01 872 73 20, www.winding-stair.com, Mo–So 12–17 und 17.30–22.30 Uhr, 10–26 €

EXPERIMENTIERFREUDIG UND UNGEWÖHNLICH

Ein wenig Orient

Amir's Delights Karte 2, nordöstl. F 5

Dublins arabische Diaspora ist kaum auffällig, sodass ein ›maurisches Café‹ mitten im ›italienischen Viertel‹ eine Überraschung sein kann. Die nur größer wird, wenn drinnen fröhlich geraucht wird. Wasserpfeifen sind eben nicht vom irischen Rauchverbot betroffen! Unbedingt empfehlenswert sind der Kaffee mit mehreren Zentimetern Bodensatz, der frische Pfefferminztee und natürlich die reichhaltige Auswahl an Baklava, direkt aus Tunesien eingeflogen.

5 Blooms Lane, Ormond Quay, Mo–Do 12–24, Fr 15–1, Sa 12–1, So 12–23 Uhr, Mokka mit süßen Stückchen 6 €

Einwanderer-Treffpunkt

Czech Inn Karte 3

Nach der Osterweiterung der Europäischen Union wurde Dublin ganz schnell ganz kosmopolitisch – jedenfalls, was Immigration von jenseits des ehemaligen Eisernen Vorhangs anging. Und eine ganze Serviceindustrie wurde von den Immigranten mit importiert, wobei Polen am stärksten vertreten war. Gut ins Gefüge von Temple Bar konnte sich das Czech Inn integrieren, heute eine beliebte Kneipe mit Restaurant. Und serviert garantiert die besten böhmischen Knödel in Dublin.

Essex Gate, Temple Bar, T 01 671 15 35, www.czech-inn.org, Restaurant 12–21.30 Uhr, 12–24 €

Ganz wie daheim in Seoul

Hansung Market Karte 2, nordöstl. F 5

Gut versteckt ist dieser Geheimtipp für die Freunde asiatischer Küche etwas abseits des Europa-gerechten Mainstream: Im hinteren Teil des Supermarktes findet sich eine koreanische Kantine, die kaum mit Gemütlichkeit, dafür aber über Preise und Authentizität punkten kann. Eine Riesenportion Reis mit drei beliebigen Gerichten aus dem großen Topf kostet gerade mal 6 €. Wird der Blick des Personals skeptisch und das Wort »hot« (im Sinne von »scharf«) erwähnt, sollte man Vorsicht walten lassen.

22 Great Strand Street, T 01 887 44 05, www.hansungfoods.com, warme Küche tgl. zwischen etwa 12 und 17 Uhr

Auf dem Kanal dinieren

La Peniche G 6

Schwimmendes Restaurant auf einer im Grand Canal fahrenden Barge, einem traditionellen Frachtschiff ... mit französisch inspirierter Küche, die preislich noch durchaus im mittleren Bereich angesiedelt ist. Eine Fahrtgebühr von 5 € kommt aber immer noch dazu, wobei die durchaus den Spaß wert ist. »Leinen los« für eine Kreuzfahrt auf dem Grand Canal heißt es in der Saison jeweils um 18 und 21 Uhr, Reservierung über das Internet ist unbedingt anzuraten.

Grand Canal, Mespil Road, T 08 77 90 00 77, www.lapeniche.ie, ca. 24,50 €

Indisch im Süden

Jewel in the Crown Karte 4, südl.

Viele indische Restaurants überwältigen den Gast mit Plüsch und Nippes, das eher unscheinbare ›Juwel in der Krone‹ macht da eine lobenswerte Ausnahme. Gemütlich, oft als ›old school‹ beschrieben, bietet man mitten in Dún Laoghaire eine sehr gute Speisenauswahl zu vernünftigen Preisen. Die freundliche Bedienung kann auch beim Menu helfen, wenn der kulinarische Horizont des westlichen Gastes am Gemeinplatz »Curry« endet.

54 Upper George's Street, Dún Laoghaire, T 01 284 54 81, www.jewelinthecrown.ie, tgl. 12–24 Uhr, 10–18 €

Budget-Chinese an der Liffey

Jimmy Chung's Karte 2, G 4

Chinese food für den kleinen Geldbeutel und den großen Hunger – Jimmy Chung's ist Teil einer eigentlich britischen Kette mit einem sehr reichhaltigen und vor allem qualitativ hochwertigen Buffet zum Pauschalpreis. Die Güte des Essens liegt über dem durchschnittlichen Chinarestaurant in Dublin, dafür muss man sich eben selbst um das Servieren bemühen. Chaotisch tagsüber am Wochenende, die etwas teurere Abendauswahl bietet auch (tagsüber nicht verwendete) Zutaten wie Ente und Meeresfrüchte.

8 Eden Quay, T 01 874 08 88, www.jimmychungs.com, tgl. 11.45–16.30 Mittagsauswahl, 17–22.30 Uhr Abendauswahl, 9–16 €

Nur Nippes und Tand?

Einkaufen in Dublin ist, naja, sagen wir mal: gewöhnungsbedürftig. Dominiert wird so gut wie jede Einkaufsstraße und -passage von den internationalen Marken und Ladenketten. Und die Nische »Echt irisch!« besetzt vor allem Carrolls mit seinen Supermarkt-ähnlichen Souvenirläden. Im Gegensatz dazu findet man, in einer UNESCO-Bücherstadt immerhin, kaum noch die einst so beliebten Buchläden.

Dazu kommen die Preise. Seit der Euro Einzug hielt, wurde der Vergleich auf internationaler Ebene ja recht einfach. Und oft genug erschreckend, denn irische Steuern und Abgaben machen etwa den irischen Whiskey in Irland oft teurer als in anderen Staaten. Wie auch die Kerrygold Butter. Oder das neueste Album von U2, wenn es mal wieder eines gibt.

Kurzum – wer sich ins Einkaufsgetümmel mit dem Kampfschrei »Jetzt kauf ich mir meine irischen Lieblingssachen!« stürzt, der wird schnell ernüchtern. Und dann, irgendwas muss man ja mitbringen, doch schnell bei Carrolls aus der Sonderangebotsecke ein paar Sachen mitnehmen.

Klingt alles irgendwie negativ, oder? Hier ist der Silberstreif am Dubliner Shoppinghorizont: Es gibt sie doch noch, die echt irischen und wirklich guten Sachen, mit denen man sich (oder anderen Menschen) eine Freude machen kann. Man muss nur wissen, wo. Und das kann auch in den großen Einkaufszentren sein, denn echte ›Geheimtippviertel‹ gibt es beim Thema Einkaufen in Dublin nicht.

Zuverlässige Adresse für Bücherfreunde: Eason's

ZUM SELBST ENTDECKEN

Die klassischen Einkaufsmeilen (wenn auch wesentlich kürzer) in Dublin sind die **Henry Street** auf der Northside, die **Grafton Street** auf der Southside. Sie wuseln den ganzen Tag, jeden Tag – im sonst erzkatholischen Irland ist Sonntagsshopping kein Problem, sondern eher eine Extremsportart der Massen nach der Messe.

Extrem populär sind auch die ausufernden **Einkaufszentren** am Stadtrand, schon kleine Städte für sich. Wer viel Zeit hat, kann sich etwa zum Blanchardstown Centre, zum Liffey Valley oder zum etwas exklusiveren Dundrum Town Centre aufmachen.

BÜCHER UND MUSIK

Neu, alt, günstig, bunt gemischt

Chapters Karte 2, östl. F 4

Irlands größter unabhängiger Buchladen ist eine Dubliner Institution – und ein Labyrinth, in dem sich Bibliophile verlaufen können. Restauflagen zu Ramschpreisen, neue Bestseller »etwas billiger«, ein ganzes Stockwerk Bücher (und andere Medien) aus zweiter Hand. Wer hier mit leeren Taschen herauskommt, hat etwas falsch gemacht. Oder wurde vom wilden Mix überwältigt. Wobei das Personal gerne beim Suchen hilft.

Ivy Exchange, Parnell Street, T 01 872 32 97, www.chapters.ie, Mo–Sa 9.30–18.30, Do bis 20, So 12–18.30 Uhr

Kette der Zuverlässigkeit

Eason's Karte 2, südwestl. G 4

Die irgendwie überall zu findenden Buchläden der Eason's-Kette sind die ideale Anlaufstelle für Brot- und Butterliteratur. Hier findet man die meisten Bestseller unter einem Dach, dazu eine beeindruckende Auswahl aktueller Zeitungen und Zeitschriften. Der größte Laden, sich über vier Stockwerke (inklusive Café und Multimediaabteilung ganz oben) ausbreitend, ist in der O'Connell Street.

40 Lower O'Connell Street, T 01 858 38 00, www.easons.com, Mo–Mi und Sa 8–19, Do 8–21, Fr 8–20, So 12–18 Uhr

Vinyl für Kenner

Freebird Records Karte 2, G 5

Schon seit langem nicht mehr am Eden Quay zu finden, hat die Dubliner Institution Freebird Records jetzt Asyl im Secret Book & Record Store (den man leicht übersehen kann) gefunden. Seit 1978 wird hier Musik verkauft, und zwar bevorzugt auf Vinyl. Hier ist die Schallplatte noch Schallplatte, auch wenn digitale Tonträger direkt daneben stehen. Wobei (noch) obskure irische Nachwuchskünstler eine Stärke des Sortiments sind. Zu den Kunden zählte unter anderem Robert Plant … die Webseite beweist es.

15a Wicklow Street, T 01 707 99 55, www.freebird.ie, tgl. 11–18.30, Do bis 19.30 Uhr

Multimedia-Schnäppchenecke

Golden Discs Karte 2, südwestl. G 5

DVDs und CDs sind in Dublin oft wesentlich teurer als in Deutschland – aber wer Schnäppchen sucht und auch (im Ausland eher obskure) irische Titel haben will, der kann es bei der Kette Golden Discs versuchen. Neuware wird hier zu günstigen Preisen unter das Volk gebracht, und Volkes Seele spiegeln die Klassiker von Boyzone bis U2, von »The Quiet Man« bis »Calvary« wider.

Stephen's Green Shopping Centre, T 01 478 92 89, www.goldendiscs.ie, Mo–Mi und Fr–Sa 9–19, Do 9–21, So 11–18 Uhr

Literarischer Traditionsname

Hodges & Figgis Karte 2, G 5

Allein die Erwähnung in Joyces Werken sichert Hodges & Figgis ewigen Ruhm in Dublin, aber die Grande Dame der Buchläden (immerhin seit 1768 im Geschäft) ist kein Museum, sondern Teil der Waterstones-Familie, mit vielleicht dem besten Angebot an irischer Literatur überhaupt. Leider sind sowohl das Café wie auch die Sonderangebotsecke im Souterrain der Modernisierung zum Opfer gefallen.

56–58 Dawson Street, T 01 677 47 54, www.waterstones.com/bookshops/hodges-figgis, Mo–Fr 9–19, Do bis 20, Sa 9–18, So 12–18 Uhr

12 Zoll Dance und Trance

Spindizzy Records Karte 2, F 5

Wer seine Beats satt und seinen Plattenteller voll belegt mag, der kommt bei Spindizzy auf die Kosten – 12 Inch Vinyl ist hier das bevorzugte Medium für den DJ. Die Auswahl an Techno, House, Trance, Drum'n'Bass und Dubstep, neu oder gebraucht, ist beeindruckend. Wer schon mit den Begriffen nichts anfangen kann, sei beruhigt: Von traditioneller irischer Musik über Heavy Metal bis zu Reggae bietet der Laden eigentlich alles an, auf Vinyl und CD.

32 Market Arcade, South Great George's Street, T 01 671 17 11, www.spindizzyrecords.com, Mo–Sa 10–18.30, Do bis 19.30, So 12–18 Uhr

Ü
ÜBRIGENS

Dublins riesige **Open-Air-Galerie** ist ein kleiner Geheimtipp – an jedem Sonntag (ausgenommen bei Großveranstaltungen im Bereich) verwandelt sich seit 1985 der Zaun rings um den **Park am Merrion Square** in ein Mekka der Kunstfreunde. Hier dürfen dann bis zu 224 Künstler Bilder aufhängen und auch zum Verkauf anbieten. Von jungen Wilden bis zu alten Naiven, von Avantgarde bis hin zu Dutzendware. Auch wenn diese Dubliner Institution mittlerweile für die Künstler an Attraktivität verloren zu haben scheint (mehr als 50 % der verfügbaren Plätze waren Anfang 2016 nicht vermietet), einen Kulturspaziergang ist der Freiluft-kunstmarkt allemal wert, wenn er zwischen etwa 11 und 17 Uhr zum Stöbern einlädt. Wobei, davor sei gewarnt, Regenwetter viele Künstler im Studio bleiben lässt … und der Rest die Kunst unter meist kaum durchsichtigen Plastikfolien ›präsentiert‹.
www.merrionart.com

Raritäten fürs Regal
Ulysses Rare Books Karte 2, G 5

Wer auf Literatur-Odyssee durch Dublin geht, sollte in diesem kleinen Laden durchaus einmal kurz Anker werfen – mit dem zu erwartenden Schwerpunkt auf irische Autoren werden hier zahlreiche antiquarische Schätzchen angeboten. Ein Muss für den Sammler. Laien seien aber gewarnt: Die Preisgestaltung erscheint manchmal etwas willkürlich, gerne die Ladenmieten in der Dubliner Stadtmitte mehr denn den international normalen Preis reflektierend.

10 Duke Street, T 01 671 86 76, www.rarebooks.ie, Mo–Mi und Fr–Sa 9.30–17.45, Do 9.30–20, So 12–17 Uhr

DELIKATESSEN UND LEBENSMITTEL

Dublins süße Versuchung
Butlers Chocolate

Wer einen Hang zu süßen Sachen hat, der kommt in Dublin an Butlers Chocolate nicht vorbei – eine Werksbesichtigung in Flughafennähe (Mo–Sa 3x tgl., Voranmeldung erforderlich) muss es nicht unbedingt sein, denn fast überall in der Stadt findet man die verlockenden Cafés mit Direktverkauf, unter anderem in der Grafton Street, Wicklow Street und Henry Street. Und die Pralinen sind wirklich eine Sünde wert.

www.butlerschocolates.com

Köstliche Mitbringsel gibt's bei Butlers.

Exklusive Tropfen
Old Jameson Distillery südwestl. F 4

Wer ein Dubliner Souvenir mit Tradition, Exklusivität und auch einigen Prozenten sucht, der wird in der Old Jameson Distillery fündig – der überschaubare Souvenirladen im Hause bietet neben allerlei Marken-Tand auch einige Sorten des Lebenswassers an, die garantiert nicht im Laden erhältlich sind. Vom Probierfläschchen für ein paar Euro zur Karaffe im fünfstelligen Bereich.

Bow Street, Smithfield Village, T 01 807 23 55, www.jamesonwhiskey.com, Mo–Sa 10.30–18, So 12.30–18 Uhr (für Verkauf von Alkohol, der Shop selbst öffnet früher)

Fischige Familienangelegenheit
Wrights of Howth Karte 4, nördl.

Die Familie handelt seit 1892 mit Fisch – der Name ist zu einer Dubliner

Im Whiskeyhimmel – die Old Jameson Distillery

Institution geworden, der Laden am West Pier in Howth zieht die Gourmets an. Mittlerweile auch zum Souvenirkauf, denn Wrights verpackt die Außenbordkameraden zum sicheren Mitnehmen. Gute Nachricht: In beiden Terminals des Dubliner Flughafens sind im Abflugbereich Läden von Wrights, sodass man den Kauf wirklich auf die letzte Minute verschieben kann.

14 West Pier, Howth, T 01 531 22 56, www.wrightsofhowth.com, Mo–Sa 9–18, Do bis 19, So 11–18 Uhr

FLOH- UND STRASSENMÄRKTE

Monatliche Schnäppchenjagd

Dublin Flea Market F 5/6

Eine feste Größe seit 2008, bietet dieser klassische (überdachte) Flohmarkt am letzten Sonntag jeden Monats im Co-op am Newmarket Square, Dublin 8, rund 60 Stände. Und die verkaufen so ungefähr alles von gut erhaltenen Altkleidern (Vintage) zu aufgemöbelten Möbeln aus zweiter Hand (Retro). Dazu gibt es Musik von DJ oder Live-Band, Snacks, und im Laden auch organisches Gemüse sowie Fairtrade-Waren.

12 Newmarket Square, Dublin 8, www.dublinflea.ie, 11–17 Uhr

Mittags zum Marktstand

Irish Village Markets

Mit Dorf haben diese Märkte weniger zu tun – mitten in der Stadt wird mitten am Tag ein sonst langweiliges Gelände zur Schlemmermeile. »Food is a way of life« sagen die Organisatoren. »Lasst uns einen Happen essen« sagen die meisten Besucher weitaus weniger philosophisch. Die Märkte sind die Hipster-Öko-Alternative zum Food Truck. Street Food im schicken Gewand, jeweils um die Mittagszeit an folgenden Orten im Zentrum von Dublin zu finden:
Mi am EastPoint, am Grand Canal Dock (Waterways Ireland Visitor Centre), am Spencer Dock (Central Square), Do an der Mespil Road (am Grand Canal) und Fr am Fitzwilliam Square und am Grand Canal (Percy Place)

T 01 294 07 93, www.irishvillagemarkets.ie, Märkte jeweils ab ca. 11.30 Uhr geöffnet

Sich die Freiheit nehmen

Liberty Market westl. F 5

Die Liberties sind nicht unbedingt Dublins feinste Gegend, und Besucher verirren sich nur selten hierher – aber der Liberty Market, quasi gleich um die Ecke bei der Christ Church Cathedral, ist einen Besuch wert. Und wenn es nur zum Schauen ist, mit welchen Waren hier Geschäfte gemacht werden. Von Resterampe bis China-Ramsch, mit dem gelegentlichen echten Nugget dazwischen. Es darf gehandelt werden … wenn man die sarkastischen Kommentare der Verkäufer ertragen kann.

Meath Street, Dublin 8, T 01 280 86 83, www.libertymarket.ie, Do 10–15.30, Fr 10–16, Sa 10–17, So 11.30–16.30 Uhr

Buch statt Bier

Temple Bar Book Market Karte 3

Der Buchmarkt in Temple Bar wird meistens zu hoch gelobt – echte antiquarische Schätze wird man hier kaum finden. Aber durchaus alte Bücher zu annehmbaren Preisen, für die man eben daheim (vor allem mangels Masse) mehr

zahlen müsste. Ist der Tourist erkannt, wird allerdings jede Taschenbuchausgabe von »Ulysses« zum unschätzbaren Sammlerstück hochstilisiert. Was für Kenner der Materie einen durchaus hohen Unterhaltungswert haben kann.
Temple Bar Square, Sa–So 11–18 Uhr

GESCHENKE, DESIGN, KURIOSES

Feines vom Webstuhl

Avoca Karte 2, G 5
Eigentlich ist Avoca für Wollstoffe bekannt, aber heute handelt die (in Wicklow ansässige) Gruppe mit Kleidung, Seifen, Socken, Lebensmitteln und auch Schmuck. Einen Blick wert, und auch das Café im Haus kann durchaus empfohlen werden (auch wenn es oft übervoll mit ganzen Busladungen US-amerikanischer Touristen ist).
11–13 Suffolk Street, T 01 677 42 15, www.avoca.com, Mo–Mi und Sa 9.30–18, Do–Fr 9.30–19, So 11–18 Uhr

Design in der Kuhgasse

Cow's Lane Designer Studio
Karte 3
Im Temple Bar-Bezirk hat das Design Einzug gehalten und wird hier in lockerer Atmosphäre feilgeboten. Versprochen wird »a colourful, fun and quirky shop which is run by a group of independent artists who make by hand much of what there is to offer«, finden tut man auf jeden Fall einen bunten Mix von Talent, Ideenreichtum und Stilrichtung. Was nicht unbedingt immer gelingen muss, aber durchaus Schätze zu Tage fördern kann.
2 Pudding Row, Essex Street West, T 01 524 00 01, www.cowslanedesignerstudio.ie, Mo–Sa 11–18, So 12–17 Uhr (im Winter ist Mo Ruhetag)

Von Künstlern für Künstler

KennedyArt Karte 2, westl. G 6
Wer eine künstlerische Ader hat, wird in den heiligen Hallen von KennedyArt einen finanziellen Aderlass einleiten – Dublins buntester Laden. Von Materialien für den Anfänger bis hin zu echten Raritäten für den fortgeschrittenen Spezialisten bietet die Familie Kennedy nun in fünfter Generation alles an, mit dem man Kunst selber schaffen kann.
12 Harcourt Street, T 01 475 17 49, www.kennedyart.com, Mo–Fr 9–17.30, Sa 10–17.30 Uhr

Irisches Design in kompakter Form

Kilkenny Shop Karte 2, G 5
Ein Laden, der sich ganz dem irischen Design verschrieben hat – und dem Dublin-Besucher lange Wege abnimmt, denn unter einem zentralen Dach sind hier wirklich die großen Namen versammelt. Darunter Avoca, Belleek, Bunbury Boards, Foxford, Fragrances of Ireland, Kiltrea Bridge Pottery, Louis Mulcahy, Newbridge Silverware, Nicholas Mosse, Ogham Wishes, Orla Kiely, Tipperary Crystal, Ulster Weavers und Waterford Crystal.
6 Nassau Street, T 01 677 70 66, www.kilkennyshop.com, Mo–Mi und Sa 8.30–19, Do 8.30–20.30, Fr 8.30–19.30, So 10–18.30 Uhr

Geschichte für Jung und Alt

National Museum – Kildare Street Karte 2, G 5
Im Eingangsbereich des Nationalmuseums findet man den Museumsladen … an sich ja nichts Besonderes, aber wer sich für alte Dinge begeistern kann, der wird hier fündig. Von einer sehr guten Buchauswahl zu irischen Geschichts-

Lädt zum Hineinkuscheln ein – Avoca

Im Powerscourt Centre finden sich auch kleine feine Boutiquen.

themen, bis hin zu Kinderspielzeug mit geschichtlichem Lerneffekt. Interessant sind auch einige Repliken von Teilen der Sammlung – nicht unbedingt billig, aber mal ein ganz anderes Erinnerungsstück.
Kildare Street, T 01 677 74 44, www.museum.ie, Di–Sa 10–17, So 14–17 Uhr

MODE, ACCESSOIRES

Nach Dublin der Mode wegen? Naja, es gibt bessere Ziele, die irische Hauptstadt wird dominiert von internationaler Massenware und großen Namen. Und wer sich in Irland selber einen Namen gemacht hat, kann sich meist keinen eigenen Laden leisten. Weswegen die beiden großen **Traditionskaufhäuser** (Karte 2, westl. G 4 und G 5) Dublins mittlerweile die beste Anlaufstelle sind, oft werden Marken Boutique-artig präsentiert.

Arnott's, 12 Henry Street, T 01 805 04 00, www.arnotts.ie, Mo–Mi 9.30–19, Do 9.30–21, Fr 9.30–20, Sa 9–19, So 11–19 Uhr

Brown Thomas, 88–95 Grafton Street, T 01 605 66 66, www.brownthomas.com, Mo, Mi und Fr 9.30–20, Di 10–20, Do 9.30–21, Sa 9–20, So 11–19 Uhr

Wer etwas außergewöhnliche Mode sucht, wird bei **Carousel** (Karte 2, westl. G 5) fündig – hier wird (aus irischer Hand) von der guten alten Zeit inspirierte Mode geschaffen und verkauft. Ein Schwerpunkt ist der Look der 1950er, dezent aufgepeppt und tragbar.
20 Exchequer Street, T 01 677 87 13, www.ilovecarousel.com, Mo–Mi 10–18, Do 10–20, Fr–Sa 10–18.30, So 13–18 Uhr

A
ADRESSEN

Adressen in Dublin verwirren den Besucher vom Kontinent oft – eine Orientierungsnummerierung, linke Straßenseite gerade, rechte ungerade, gibt es kaum. Man zählt einfach durch. Wobei dann auch, etwa in der Abbey Street, ein einzelner Hauseingang mit Nummer 94, 95 und 96 versehen sein kann. Hier wurden alte Liegenschaften bei Neubebauung zusammengefügt. Aber auch das einfache Durchzählen ist manchmal nicht gegeben, und so kommen Nummerierungen in der Reihenfolge der Gebäudeerrichtung zustande. Und manche Straßen haben gleich gar keine Hausnummern. Oder, auch so eine typisch irische Sache, weder die Straßennamen noch die Hausnummern sind als Schilder angebracht. »Bei John's Pub rechts rein und dann der Eingang mit der grünen Tür« ist eine durchaus normale Angabe.

Coming out for a pint?

Der Pub, so heißt es immer wieder, sei das zweite Wohnzimmer des Iren. Zumindest hier in der traditionellen Bastion der Männerbünde und einsamen Trinker gilt die klassische Geschlechterverteilung noch weitgehend. Allerdings bröckelt diese in Dublin zusehends – zwar ist die allein in den Pub gehende Frau noch immer eine Rarität, aber paarweise, oder in größeren Gruppen, beanspruchen Frauen immer mehr Platz in den Schankstuben.

Überhaupt sind eben diese Schankstuben selten leer. Das ›liquid lunch‹ im Pub ist immer noch die Alternative zu Sandwich und Crisps im Park. Und wenn die Büros schließen, dann geht es auf einen kleinen Absacker wieder in den Pub, bevor man den Weg nach Daheim antritt. Wo man dann noch zwischen Abendessen und Einschlafen das ›Local‹ beehrt. Wer das irische Fernsehprogramm kennt, kann das verstehen …

Die heiligen Hallen von Hopfen und Malz in Dublin allerdings ziehen nicht nur die Dubliner an. Weswegen sie oftmals geradezu aus den Nähten platzen. Zum Pflichtprogramm des Touristen gehört schließlich der Besuch in einem »echten irischen Pub« (und die gibt es in Dublin ja nun in Hülle und Fülle) oder der von Animateuren vororganisierte »Pub Crawl« (die oft thematisch ausgerichtete Tournee durch ausgewählte, wenn auch nicht unbedingt repräsentative Kneipen) oder eine Nacht mit »Irish Folk« (auch das bieten zahlreiche Etablissements, mit sich täglich wiederholendem Programm). Also, ab in den Pub.

ZUM SELBST ENTDECKEN

Irlands alkoholisiertester Spielplatz ist nach wie vor **Temple Bar** – hier reiht sich Kneipe an Kneipe, hier fallen die durstigen Horden jeden Abend (außer Karfreitag und am ersten. Weihnachtsfeiertag) ein und irgendwann um. Mitmachen oder vermeiden, ein Mittelding gibt es nicht.

Wer es ruhiger mag, findet eigentlich überall in Dublin **Locals**, also unscheinbare Pubs mit Trinkern aus der Nachbarschaft. Meist zivilisierter als in Temple Bar. Und oft auch wesentlich älter. Das ist dann echte Dubliner Kneipenkultur.

In Dublin heißt es: Pub ist nicht gleich Pub.

BARS UND KNEIPEN

Klassiker der Pubszene

The Bleeding Horse ✪ F 6

Das Bleeding Horse ist ein alter, in Teilen noch echt traditioneller Pub – und dank seiner Lage eher nicht von Touristen überlaufen. Denn hierhin muss man ein Stück laufen. Seit 1649 wird hier gezapft, am ruhigsten ist es am Nachmittag und frühen Abend. Donnerstag bis Sonntag Livemusik.

24–25 Upper Camden Street, T 01 475 27 05, www.bleedinghorse.ie, So–Di 12–24, Mi–Do 12–1, Fr 12–2.30, Sa 12–3 Uhr

Versteckt und altmodisch

Bowe's Lounge ✪ Karte 2, G 5

Ein Dubliner Pub der alten Schule, nur einen Steinwurf von der O'Connell Bridge und so versteckt, dass ihn meist nur Kenner finden. Viktorianisches Interieur und eine Trad Session am Sonntag zerren einen geradezu zurück in die ›gute alte Zeit‹.

31 Fleet Street, T 01 671 40 38, Mo–Do 10.30–23.30, Fr–Sa 10.30–0.30, So 12.30–23 Uhr

Dublins ältester Pub

Brazen Head ✪ F 5

Seit dem 12. Jh. soll hier Bier gezapft worden sein, die genaue Geschichte des Pubs ist jedoch nebulös. Von außen betrachtet macht das Brazen Head erst mal wenig her, aber das Programm begeistert: Livemusik jede Nacht, eine traditionelle Session am Sonntagnachmittag und dann noch die »Storytelling Nights«, Abendessen inklusive. Für die Hungrigen unter den Durstigen ein Tipp: Das Irish Stew im Brazen Head ist richtig gut.

20 Bridge Street Lower, T 01 677 95 49, www.brazenhead.com, Mo–Sa 10.30–23.30, So 12.30–23.30 Uhr

Fun … nicht nur für LGBTs

The George ✪ Karte 2, F 5

Eine Dubliner Institution und vielleicht der beste schwule Pub in Dublin … in den sich auch Heteros wagen dürfen, die einfach überkandideltes Entertain-

Hat schon 900 Jahre auf dem Buckel – das Brazen Head

ment in der Tradition eines immerwährenden Eurovision Song Contest suchen. Wer hier hingeht, will nicht in erster Linie LGBT-Probleme diskutieren, sondern sein (oder ihr) Vergnügen haben. Bingo mit Shirley Temple Bar, Cabaret mit Davina Devine, Karaoke mit Veda, alles ein Heidenspaß, bei dem auch wirklich jedes Klischee lustvoll breit ausgewälzt wird.

Great Georges Street, T 01 671 32 98, www.thegeorge.ie, Mo–Fr 14–2.30, Sa 12.30–2.30, So 12.30–1.30 Uhr

Im Dunkeln wird's unheimlich

Kavanagh's ✪ F 2

Etwas außerhalb und am besten im Anschluss an einen Besuch auf dem benachbarten Glasnevin Cemetery besucht, hat Kavanagh's schöner, alter Pub auch den Spitznamen ›The Gravediggers‹. Hier sollen sich die Friedhofsangestellten mit einer gegen das Fester geworfenen Schaufel Erde ein Bier bestellt habe. Was man, so wird gemunkelt, auch heute noch gelegentlich hören kann – der Pub ist auch als Spukzentrum bekannt.

1 Prospect Square, Glasnevin, T 01 830 79 78, Mo–Do 10.30–23.30, Fr–Sa 10.30–24, So 12.30–23 Uhr

Der Wikinger-Pub

The Long Stone ✪ Karte 2, nördl. G 5

Versteckt hinter der Pearse Street Garda Station ist dies Dublins ›nordischster‹ Pub. Seit 1754 erst, aber dennoch mit Wikingerthema, bis hin zur Kaminfigur des Gottes Balder. Lebhaft mit eher jungem, international gemischtem Publikum.

10/11 Townsend Street, T 01 671 81 02, www.longstonepub.com, So–Do 12–24, Fr–Sa 12–1 Uhr

Die Mini-Bar

The Lotts Snug ✪ Karte 2, südwestl. G 4

Diese Kneipe bezeichnet sich selbst als »Dublin's Smallest Bar«, und groß ist sie wirklich nicht. Besonders lebhaft an Matchtagen, wenn Teamdress vergünstigte Preise sichert. Eher eine Kuriosität denn ein gemütlicher Pub.

9 Lower Liffey Street, T 01 872 76 69, www.thelottscafebar.com/thelottssnug.htm, Mo–Do 10.30–23.30, Fr–Sa 10.30–1, So 10.30–23 Uhr

Wo Pandora Bliss regiert

Pantibar ✪ Karte 2, nördl. F 5

Dublins derzeit angesagteste Szenebar der LBGT-Gemeinde, vor allem durch den Einfluss der Eignerin Panti Bliss (bürgerlich Rory O'Neill). Schrill wie der/die Chef(in), aber mit durchaus ruhigen Momenten. Wer nur zum Gaffen kommt, wird allerdings weniger willkommen sein … leben und leben lassen ist sonst das Motto in der Bar.

7/8 Capel Street, T 01 874 07 10, So–Fr 17–23.30, Sa 17–2.30 Uhr

Bier direkt vom Erzeuger

Porterhouse ✪ Karte 3

Am Rand des Sündenpfuhls Temple Bar gelegen, und doch nicht überlaufen – ein relativ moderner Pub mit einem großen Plus: Hier braut der Chef selbst. Irlands größte unabhängige Brauerei begann hier ihren Triumphzug. Abgesehen von rund einem Dutzend eigener Biere bietet man Essen und Unterhaltung mit Livemusik jeden Abend.

16–18 Parliament Street, T 01 679 88 47, www.theporterhouse.ie, Mo–Mi 11.30–24, Do 11.30–1, Fr–Sa 11.30–2, So 12–24 Uhr

Wo der Hirsch tanzt …

Stag's Head ✪ Karte 2, westl. G 5

Der Stag's Head ist irgendwie ein ›mixed blessing‹. Zum einen findet man hier einen wirklich schönen, weitgehend authentischen Pub aus der viktorianischen Zeit (übrigens die erste Dubliner Kneipe mit elektrischem Licht). Zum anderen ist dies noch im weiteren Bereich von Temple Bar, sodass die heimelige Atmosphäre jäh in ›party central‹ umschlagen kann. Beliebt sind the Trad Sessions am Freitag und Samstag.

1 Dame Court, T 01 679 36 84, www.louisfitzgerald.com/stagshead, Mo–Do 10.30–23.30, Fr–Sa 10.30–0.30, So 12.30–23 Uhr

Hoch hinaus an der Liffey

Sweetman's ✪ Karte 2, südl. G 4

Großer Pub mit eigener Kleinbrauerei, nur einige Schritte von der O'Connell Bridge entfernt und sich über mehrere Stockwerke ausbreitend … Freunde treffen wird schwierig. Ansonsten aber ein kompakter Kneipenbummel in nur einem Haus, jedes Stockwerk wartet mit gemütlichen Ecken in meist altmodischem Stil auf.

1/2 Burgh Quay, T 01 670 57 77, www.jwsweetman.ie, Mo–Mi 10.30–24, Do–Sa 10.30–2.30, So 11–23.30 Uhr

LIVEMUSIK

Kaum akademisch gefestigt …

The Academy ✪ Karte 2, südwestl. G 4

Wenn etwas den Namen »Academy« rechtfertigt, dann vielleicht das bunt gemixte Publikum, in dem die Studenten ab und an dominieren – auch wenn das in den ausufernden Räumlichkeiten kaum auffällt. Von Clubnächten zu etablierten Heavy-Metal-Größen, von einheimischen Singer-Songwritern bis zu extra einfliegenden Rappern, hier treffen sich alle Musikrichtungen. Die Samstage sind großer Zirkus, in drei Räumen dröhnt jeweils Pop, House oder Metal, und Artisten unterhalten die Massen.

57 Middle Abbey Street, T 01 877 99 99, www.theacademydublin.com

Mehr Musik-Mix geht nicht …

The Button Factory Karte 3

Mitten in Temple Bar gelegen, ist die ›Knopffabrik‹ vielleicht einer der wenigen Punkte, an denen sich der künstlerische Anspruch des Viertels mit dem Kommerz ohne Probleme ins Bett legt. Denn einerseits hat man hier Nächte mit Techno-DJs, andererseits ein bunt gestreutes Programm von Irish Folk bis hin zu allen Metal-Varianten. Ein Ort, an dem selbst die Hupfdohlen von Jedward ein Konzert »nur für Volljährige« arrangieren können.

Curved Street, Temple Bar, T 01 670 91 05, www.buttonfactory.ie

Soziale Kontakte leicht gemacht

The Grand Social Karte 2, nordöstl. F 5

»Social Clubs« waren eigentlich Kneipen, die auf Mitgliedschaft basierten und oft Gleichgesinnte zusammenführten. Der Grand Social knüpft teilweise an die Tradition an – zumindest das Knüpfen sozialer Kontakte wird hier leicht gemacht. Neben Livemusik bietet man Quiznächte, Flohmarkt am Samstag, Jazznächte … hier findet jedes Töpfchen ein Deckelchen. Und wenn einem alles zu viel wird … ab in den Dachgarten!

35 Lower Liffey Street, T 01 874 00 76, www.thegrandsocial.ie

Nicht umsonst sagt man von Dublin, die Stadt sei gemütlich wie ein Pub …

Vom Arbeiter- zum Musiktreff

The Workman's Club Karte 3

Der ehemalige Arbeiterverein hat sich zu einer der angesagtesten Adressen in Dublin verwandelt. Mit Livemusik, Clubnächten, Comedy … und auf drei Stockwerke sowie einen Dachgarten verteilt. Musik ist im Prinzip alles abseits des aktuellen Mainstream. Die Venue Bar ist allein schon einen Besuch wert, hier wurde ein Dubliner Pub der 1950er originalgetreu wiederbelebt. Und im Vintage Room wurde Omas Wohnzimmer nachgestellt.

10 Wellington Quay, T 01 670 66 92, www.theworkmansclub.com

IRISH FOLK IN SESSION

Alt-Dublin für die Massen

The Auld Dubliner Karte 3

Der Pub ist einer der Klassiker in Temple Bar, vor allem wegen der Wandmalerei mit dem alten Dubliner und dem sich daneben erleichternden Jack Russell Terrier. Eine recht große Kneipe mit vollem Service, vom frischen Guinness bis zum Essen. Und natürlich mit reichlich irischer Musik von Mittag bis nach Mitternacht – nicht unbedingt immer wirklich traditionell, aber zumindest volkstümlich genug, um nicht in die Schlagerparade abzugleiten. Kann recht voll werden.

24/25 Temple Bar, T 01 677 05 27, www.aulddubliner.ie, Mo–Di 10.30–23.30, Mi–Sa 10.30–2.30, So 12.30–23 Uhr

Wo die Dubliners begannen

O'Donoghue's Karte 2, südl. G 5

Big Daddy of Folk Music – der Pub von O'Donoghue's hat seinen ewigen Ruhm in der Folkszene vor allem damit zementiert, dass hier eine Gruppe erstmals auftrat, und zwar die »Dubliners«. Auch wenn die Zeiten vorbei sind (und der Stern der »Dubliners« zuletzt rapide sank, waren sie doch nur noch die eigene Tribute Band), O'Donoghue's ist immer noch die beste Anlaufstelle für den Folk-Fan in Dublin, mit Musik so gut wie non-stop. Was die recht großen

KINO IN DUBLIN

Die Iren sind, auch in Zeiten von DVD und Netflix, begeisterte Kinogänger, wobei vor allem Blockbuster aus Hollywood das breite Publikum anziehen. Wer etwas andere Kost möchte, kann zwei recht zentral gelegene Kinos anlaufen:

Lighthouse Cinema ✪ Karte 1, F 4
Art House im weitesten Sinne, mit einem bunt gemischten Programm aus allen Perioden (passend zu der wahnsinnig bunten Bestuhlung).
Market Square, Smithfield, T 01 872 80 06, www.lighthousecinema.ie

Irish Film Institute ✪ Karte 3
Das hauseigene Kino zeigt einen Mix aus klassischen und neuen Filmen, die man in der Regel nicht im Multiplex findet.
6 Eustace Street, Temple Bar, T 01 679 57 44, www.irishfilm.ie

Für den Mainstream sind in der Innenstadt vor allem zwei Kinos zuständig:

Cineworld ✪ Karte 2, F 4
Groß, modern, viele Filme, Flatrate – der Traum des Kinofans ohne große Ambitionen, aber mit einem unersättlichen Appetit. Insgesamt 17 Leinwände sorgen dafür, dass hier (fast) alle glücklich werden.
Parnell Centre, Parnell Street, T 01 520 88 04 44, www.cineworld.ie

Savoy Cinema ✪ Karte 2, G 4
1929 entstanden und noch ein wenig vom alten Glamour bewahrend, zeigt das Savoy auf sechs großen Leinwänden Durchschnittskost, bietet aber insgesamt ein wirklich gutes Kinoerlebnis.
O'Connell Street, T 01 874 88 22, www.imccinemas.ie

Räumlichkeiten manchmal gepackt voll macht. Wer die zahlreichen Erinnerungs- und Ausstellungsstücke im Pub genießen will, sollte um die Mittagszeit beginnen.
15 Merrion Row, T 01 660 71 94, www.odonoghues.ie, Mo–Do 10–24, Fr–Sa 10–1, So 11–24 Uhr

Dublins schönste Pub-Fassade

The Quays ✪ Karte 3
Dieser Pub macht schon von außen was her – denn die mit Keramik veredelte Fassade der Quays sucht ihresgleichen, nicht nur in Temple Bar. Zu bieten hat die weitläufige, aber am Abend gerne einmal etwas überlaufene Kneipe den klassischen Mix von Bier, mehr oder minder traditionellem Pub-Essen (das Restaurant im Obergeschoss serviert auch Irish Stew und Dublin Coddle) und natürlich Livemusik aus dem Genre »Irish Folk«. Das beginnt regelmäßig ab spätestens 15 Uhr – wer seine Ruhe will, sollte früher kommen. Denn die Quays sind eigentlich ein guter Pub für ein Gespräch und ein gepflegtes Guinness.
10–13 Temple Bar Square, T 01 670 96 16, www.louisfitzgerald.com/quaystemplebar, Mo–Do 10.30–23.30, Fr–Sa 10.30–0.30, So 12.30–23 Uhr

TANZEN

Der Dublin-Klassiker an sich

Copperface Jack's ✪ F 6
Wer einen Tanztempel sucht, den die Massen besuchen, der ist hier richtig – gerüchteweise besteht der überwiegende Teil der Klientel aus Auswärtigen (nicht Touristen, sondern sich in die Hauptstadt wagende Iren) sowie Dublins Überangebot an unverheirateten Krankenschwestern und Polizisten. Die Musik ist so Mainstream, dass man mitsingen kann. Und das allgemeine Balzverhalten so vorhersehbar wie das Amen in der Kirche. Wer das echte Party-Dublin sucht, der wird es in ›Coppers‹ finden.
29/30 Harcourt Street, T 01 425 53 00, www.copperfacejacks.ie, tgl. 23–3 Uhr

Bekannt für seine Live-Konzerte, doch auch als Club hat das Whelan's seinen Reiz.

Stylish im alten Gemäuer

Lost Society Karte 2, westl. G 5

Nur an drei Nächten die Woche lädt Lost Society ein … aber die Events sind es wert. Der Club nutzt das Powerscourt Townhouse und kombiniert eine erstklassige Cocktailbar mit einer Disco mit einem Stadtpalast aus dem 18. Jh. Dementsprechend gestylt ist auch die Mehrheit des Publikums, oft mehr Vogue als von der Stange. Lost Thursdays mit Craft Beer, Cocktailsonderangeboten und Stummfilm zielt eindeutig auf die Studentenschaft.

Powerscourt Townhouse, South William Street, T 01 611 17 98, www.lostsociety.ie, Do–Sa 23–3 Uhr

Silent Disco und The Smiths

Whelan's F 6

Eigentlich ist Whelan's als eine der besseren Adressen für Livemusik bekannt, aber die Clubnächte haben ihren ganz eigenen Reiz. Etwa die Silent Disco (Mittwoch), wo man nach der jeweils ausgewählten Playlist, über einen Infrarot-Kopfhörer empfangen, im stillen Raum abtanzt. Was dann doch etwas bizarr wirken kann. Sonst beherrschen Indie und Alternative die Szene, und Tanz(versuche) zu den Smiths oder Goth-Klassikern sind hier Standard.

25 Wexford Street. T 01 478 07 66, www.whelanslive.com, tgl. 22.30–3 Uhr

THEATER IN DUBLIN

Dublin ist auch Theaterstadt – vom altehrwürdigen Abbey bis zum hypermodernen Bord Gais Energy ist das Angebot breit. Und zu abwechslungsreich und unübersichtlich, um hier detailliert aufgeführt zu werden. Daher nur die wichtigsten Bühnen der Innenstadt in Kurzform:

Abbey Theatre Karte 2, G 4 (eher hoher Anspruch, Nationaltheater) – www.abbeytheatre.ie

Bord Gáis Energy Theatre Karte 1, H 5 (oft Musicals und Tourneeproduktionen) – www.bordgaisenergytheatre.ie

Gate Theatre Karte 2, westl. G 4 (kleine Bühne mit Nischenprogramm) – www.gatetheatre.ie

Gaiety Theatre Karte 2, G 5 (gemischt) – www.gaietytheatre.ie

Olympia Theatre Karte 2, F 5 (sehr gemischt) – www.olympia.ie

Hin & weg

Dublin ist klein und überschaubar – wer aber am Flughafen ankommt, wird erst einmal dumm dastehen. Denn der in den letzten Jahren ausgebaute Dublin Airport ist weder in Innenstadtnähe noch mit einer vernünftigen Verkehrsanbindung gesegnet. Das ist dann aber meistens auch schon das einzige existentielle Problem für den Besucher, denn Dublin stellt sonst keine riesigen Ansprüche …

In Dublin ankommen

Wer nach Dublin reist, der kommt entweder mit der Fähre von England oder Wales im Hafen (🕮 L 4/5) an oder (wie meistens) mit dem Flieger aus aller Herren Länder am Flughafen (🕮 Karte 4). Und von diesen recht außerhalb gelegenen Ankunftsorten gibt es, außer dem Taxi oder Schusters Rappen, nur den Bus als Transportmittel in die Stadt hinein. Und da hat man dann teilweise wieder die Qual der Wahl.

Busse vom Fährhafen in die Innenstadt

Dublin Bus bietet tagsüber eine stündliche Verbindung vom Fährhafen zur Innenstadt mit der Linie 53, sonntags eingeschränkter Fahrplan.

Busse vom Flughafen in die Innenstadt

Die billigste Version ist der Dublin Bus 16, zwischen 6.20 und 23.30 Uhr etwa alle 20 Min. zur O'Connell Street fahrend – dies ist aber ein normaler Stadtbus, der an wirklich jeder Ecke anhält und nicht den direktesten Weg nimmt. Einfacher Fahrpreis 3,30 €.
Spezielle Flughafenbusse mit direkter Streckenführung und wenigen Zwischenstopps gibt es auf der Linie Airlink 747, verkehrend etwa alle 15 Min. zwischen 5.45 und 0.30 Uhr zwischen Dublin Airport und Heuston Station (via Busaras und O'Connell Street). Einfacher Fahrpreis 6 €.
Etwas komfortabler und viele Innenstadthotels ansteuernd sind die Busse von Aircoach (www.aircoach.ie), Route 700 verbindet den Flughafen mit der O'Connell Street. Abfahrt alle 15 Min. zwischen 3.25 und 23.55 Uhr, sonst alle halbe Stunde. Einfacher Fahrpreis 7 €.

Taxi als Alternative?

Die Fahrt vom Flughafen in die Innenstadt kann sich durchaus rechnen – am

Die meisten kommen am Flughafen Dublin an – aber wie geht es dann weiter?

Flughafen selber wird die Warteschlange für Taxis streng überwacht, die dort eingesetzten Servicekräfte winken aber bei mehr als 3 Passagieren schnell eines der (relativ häufig dort stehenden) Großraum-Taxis heran. Mit 6 Leuten, bei einem Fahrpreis von vielleicht 30 € (tagsüber vom Flughafen in die Innenstadt, laut www.transportforireland.ie/taxi/taxi-fare-estimator) und direkt an der Unterkunft ankommend … ein preislich interessantes, schnelles und vor allem bequemes Angebot.

Information

In Dublin firmieren viele Privatunternehmen als »Tourist Information«, die wirklich offiziellen Informationsbüros betreibt jedoch Fáilte Ireland. 4 Anlaufstellen stehen dem Reisenden zur Verfügung:
Visit Dublin Centre: 25 Suffolk Street, Dublin 2 (nahe Trinity College und Grafton Street), Mo–Sa 9–17.30, So/Fei 10.30–15 Uhr
Discover Ireland Information Office: 14 Upper O'Connell Street, Dublin 1 (Karte 2, G 4), Mo–Sa 9–17 Uhr
Discover Ireland Information Offices am Flughafen Dublin: jeweils im Ankunftsbereich der Terminals 1 und 2.

Die umfassende Website **www.visitdublin.com** kann bei der Vorplanung des Aufenthalts enorm helfen.

Die privaten Informationsbüros bemühen sich meistens, die eigenen Dienstleistungen zu verkaufen, haben jedoch auch Informationsmaterial zum Mitnehmen auf Lager. Dasselbe Informationsmaterial, das man auch in den meisten Hotellobbys in einem Ständer finden kann.

Dublin Pass

Eventuell eine gute Idee ist der Dublin Pass (www.dublinpass.com), der eine Reihe von Vergünstigungen bietet und jeweils für 24 Std. ab Aktivierung gilt, und zwar für 1/2/3/6 zusammenhängende Tage. Der Preis für Erwachsene ist dann jeweils 39/61/71/105 €.

Ob sich der Pass lohnt, ist vor allem eine Rechenaufgabe und eine Frage, wie viele kostenpflichtige Attraktionen man in der vorgegebenen Zeit besuchen kann oder will. Enthalten im Leistungspaket sind die Eintrittsgebühren für Airfield Farm, Aquazone (National Aquatic Centre), Aviva Stadium (Tour), Casino Marino, Castletown House, Christ Church Cathedral, Croke Park (Tour und GAA Museum), Dalkey Castle, Dublinia, Dublin Writers Museum, Dublin Zoo, Glasnevin Cemetery Museum, das Guinness Storehouse, das James Joyce Centre, die Jeanie Johnston, das Little Museum of Dublin, Malahide Castle, das National Wax Museum Plus, Number Twenty Nine, die Old Jameson Distillery Tour, Rainforest Adventure Golf, Saint Patrick's Cathedral und Skerries Mills. Dazu kommen ein Gutscheinheft mit Preisreduktionen und eine Fahrt mit Aircoach vom Flughafen Dublin in die Innenstadt (die Rückfahrt muss man selber bezahlen).

Gerade die Freifahrt mit Aircoach birgt jedoch eine Gefahr – nimmt man diese in Anspruch, aktiviert man automatisch den Dublin Pass, und die Zeit beginnt abzulaufen. Wer also am Nachmittag um 15 Uhr den Bus nimmt, kann mit einem Tagespass am nächsten Tag um 16 Uhr nicht mehr ins Guinness Storehouse.

Zur Erleichterung eine kurze Beispielrechnung – nimmt man sich für einen Tag die zwei Kathedralen, Dublinia und das Guinness Storehouse vor, zahlt man gegenüber dem Einzelpreis (sogar ohne Kombitickets oder Onlineangebote) 50 Cent mehr mit dem Dublin Pass, hat aber einen Flughafentransfer ›frei‹. Wie gesagt, alles eine Rechenaufgabe. Ist für denselben Tag ein Besuch im Kulturviertel (► S. 43) geplant, lohnt sich der Dublin Pass wegen des durchweg freien Eintritts überhaupt nicht.

REISEN MIT HANDICAP

Dublin ist für Reisende mit Handicaps recht gut machbar – Basisinformationen findet man bei www.ireland.com/de-de/about-ireland/once-you-are-here/accessibility in kompakter Form. Sehr gut für Reiseinformationen, wenn auch nur auf Englisch vorliegend, ist die Seite www.accessibleireland.com.

SICHERHEIT UND NOTFÄLLE

Im Notfall reicht eine Nummer, die von jedem Handy oder Festnetztelefon kostenlos erreichbar ist: 112. Diese verbindet mit der Notrufzentrale, die dann je nach Art des Notfalls an Polizei, Feuerwehr oder Rettungsdienst weitervermittelt.

Reisende, die Opfer eines Verbrechens geworden sind, können sich zur Nachsorge auch an den Irish Tourist Assistance Service (www.itas.ie) unter T 01 890 36 57 00 wenden.

Wer eine leichte Krankheit bekommt, kann sich mit der Europäischen Krankenversicherungskarte (EKVK) oder gegen Bargeld (Konsultation ca. 60 €) bei einem Arzt behandeln lassen – Praxis am besten in der Unterkunft erfragen. Auch das O'Connell Street Medical Centre kann aufgesucht werden (5 Lower O'Connell Street, T 01 874 69 83, www.oconnellst.ie, Mo–Fr 8–18.30, Sa 12–16 Uhr). Die Notaufnahme der Krankenhäuser (Accident and Emergency) ist nur im echten Notfall zu empfehlen, hier sind Wartezeiten von mehr als 6 Std. bei nicht lebensgefährdenden Erkrankungen normal.

Diplomatische Vertretungen
Deutschland – www.dublin.diplo.de, T 01 269 30 11
Österreich – www.bmeia.gv.at/botschaft/dublin.html, T 01 269 45 77
Schweiz – www.eda.admin.ch/eda/de/home/vertretungen-und-reisehinweise/irland/schweizer-vertretunginirland.html, T 01 218 63 82

Ausgewiesene ›No-Go-Areas‹ gibt es in Dublin eigentlich nicht, der rasche Wechsel in der vorherrschenden sozialen und wirtschaftlichen Struktur von Stadtteilen kann jedoch den planlosen Reisenden schnell in weniger sympathische Gegenden bringen. Vermeiden sollte man in den späten Abend- und Nachtstunden die engen Straßen und Gassen in den Randbereichen der O'Connell Street (vor allem nach Osten hin), den Liffey Boardwalk und jegliche größere Ansammlung vor schließenden Pubs, Bars oder Diskotheken.

UMWELTFREUNDLICH UNTERWEGS

Dublin hat ein (zumindest im Innenstadtbereich) gut ausgebautes Nahverkehrssystem, die Verwendung eines eigenen Autos ist nur masochistischen Reisenden mit einer Vorliebe für Staus und teure Parkplätze zu empfehlen.

Dublin Bus bedient eigentlich das gesamte Stadtgebiet mit einer Unzahl an Linien, die teilweise auf eigenen Busspuren verkehren. Interessant ist dies allerdings eher für Strecken, die aus der Stadt herausführen – im Stadtkern ist man zu Fuß billiger und oft schneller unterwegs. Informationen unter www.dublinbus.ie, am Stadtbüro von Dublin Bus, 59 Upper O'Connell Street, erhält man auch Informationsbroschüren.

Der **DART** ist eine Art S-Bahn, dessen Strecke entlang der Dublin Bay von Howth oder Malahide im Norden über die Innenstadt und Dún Laoghaire bis nach Greystones im Süden führt. Ideal für Ausflüge. Informationen unter www.irishrail.ie.

Der **LUAS,** Dublins noch junge Straßenbahn, verbindet nicht unbedingt viele touristisch interessante Ziele, kann den Reisenden aber bequem etwa zum National Museum in den Collins Barracks oder in die Nähe des Phoenix Park bringen. Informationen unter www.luas.ie.

Die Benutzung des öffentlichen Nahverkehrs wurde durch die Einführung der sogenannten **Leap Card** einfacher – für Besucher wurde eine eigene Karte geschaffen, die für maximal 10 € pro 24 Std. die uneingeschränkte Benutzung der verschiedenen Verkehrsmittel erlaubt. Informationen unter about.leapcard.ie/leap-visitor-card.

Das Fahrrad-Sharing **dublinbikes** (die robusten Räder mit der Cola-Reklame sieht man fast überall) ist auch für Besucher da – für 5 € kann man sich eine 3-tägige Mitgliedschaft erwerben. Informationen unter www.dublinbikes.ie/Subscription/The-3-Day-Ticket/3-Day-Ticket-Users.

STADTRUNDFAHRTEN

Die beliebtesten Stadtrundfahrten, und wahrscheinlich auch die praktischsten, sind die **Hop-on-Hop-off-Tours,** die teilweise auch in deutscher Sprache angeboten werden. Streckenführung und Qualität sind dabei nahezu austauschbar. Anbieter:
City Sightseeing – www.citysightseeingdublin.ie
CityScape – www.cityscapetours.ie
Dublin Bus – www.dublinsightseeing.ie

Spannend sind auch die **Viking Splash Tours** (www.vikingsplash.com), bei denen man mit einem Amphibienfahrzeug durch die Stadt und anschließend übers Wasser fährt. Dies ist allerdings eine ›geschlossene‹ Tour ohne Zwischenhalt.

Vor allem nach Dunkelheit sorgt die aufwändige Tour mit dem **Dublin Ghostbus** für schöne, schaurige Stunden – Infos unter www.dublinsightseeing.ie/Ghostbus/index.aspx.

PUB CRAWLS UND ANDERE TOUREN

Organisierte Kneipentouren erfreuen sich in Dublin anhaltender Beliebtheit, oft sind sie auf einen speziellen Interessenkreis jenseits von »Wo gibt's das nächste Guinness?« zugeschnitten. Guinness steht dann zwar nach wie vor im Mittelpunkt, wird aber von meist fundierten Informationen ergänzt. Und zum Trinken gezwungen wird niemand.

Auf der Liste der empfehlenswerten Touren stehen für mich:
Hidden Dublin Walking Tours, mit ihrer Spezialisierung auf das Gruselige und Groteske, lassen Schauer über den Rücken laufen – www.hiddendublinwalks.com.
Literary Pub Crawl, kreuz und quer durch die Welt der Dubliner Denker, die oft auch Trinker waren – www.dublinpubcrawl.com.
Pat Liddy's Walking Tours, Spezialisten in Stadtgeschichte, bieten Touren auf den Spuren Saint Patricks oder der Rebellen von 1916 an – www.walkingtours.ie.
Traditional Irish Musical Pub Crawl, begleitet von zwei Musikern in die Pubs, in denen Musik gespielt wird – www.creativeevents.ie/events/musical-pub-crawl.

Ü ÜBRIGENS

Einer der wichtigsten Tipps für Alleinreisende in Dublin: Die Stadt ist sicher, aber so mancher Ire kann wie eine Klette an einem hängen (vor allem, wenn man weiblich ist). Ein deutliches »No!« ist dann manchmal angebracht. Absolut vermeiden sollte man Einladungen zu irgendwelchen ›house parties‹, die sich irgendwo ab vom Schuss abspielen sollen, oder auch ›Abkürzungen‹, die einem überfreundliche Mitmenschen zeigen wollen. Im günstigsten Fall ist man den Geldbeutel los, die Bandbreite der ungünstigeren Ausgänge ist groß »Date rape« etwa wird in manchen Kreisen als durchaus normal betrachtet.

O-Ton Dublin

Here you are!
Bitte! (wenn man etwas reicht)

Shiftin'
küssen

Thank you!
Danke!

See you!
Bis bald!

YOU'RE WELCOME!
Keine Ursache!

How are you?
Wie geht's? (allgemeine Begrüßung)

Slainte
(Irisch für »Gesundheit«,
gesprochen etwa »slahn-schä«)
Prost

YOU ALL RIGHT?
wörtl. Sind Sie okay?
Kann ich Ihnen helfen?

What's the craic?
wörtl. Was gibts zu erzählen?
Was gibt's Neues?

Guards
Polizei, Garda Siochana

Bleedin' deadly!
wörtl. blutend tödlich
Erstklassig!

Come here to me …
wörtl. Komm zu mir
Hör mal zu …

Das Klima im Blick
Reisen bereichert und verbindet Menschen und Kulturen. Wer reist, erzeugt auch CO_2. Der Flugverkehr trägt mit bis zu 10 % zur globalen Erwärmung bei. Wer das Klima schützen will, sollte sich – wenn möglich – für eine schonendere Reiseform entscheiden oder die Projekte von atmosfair unterstützen. Flugpassagiere spenden einen kilometerabhängigen Beitrag für die von ihnen verursachten Emissionen und finanzieren damit Projekte in Entwicklungsländern, die dort den Ausstoß von Klimagasen verringern helfen (www.atmosfair.de). Auch die Mitarbeiter des DuMont Reiseverlags fliegen mit atmosfair!

Abbildungsnachweis

Bernd Biege, Ulster: S. 5, 22, 33, 63, 65 u., 70, 77, 120/5, 120/8
DuMont Bildarchiv, Ostfildern: S. 51 (Meinhardt)
Fotolia, New York (USA): S. 59, 80 (Andronov); 69 (rodrigobellizzi)
Getty Images, München: S. 86; 120/4 (FilmMagic/Massey)
Glow Images, München: S. 24 (AGF RM/Pistolesi); Umschlagklappe hinten (Heritage Images); 23 (Heritage Images/Ronan); 120/9 (Archive Photos/Sarony); 89 (imagebroker/Siepmann); 84 (Moodboard Plus/Stuart); 30, 60 (Superstock)
Huber-Images, Garmisch-Partenkirchen: S. 35 (Enrico)
iStockphoto, Calgary (Kanada): S. 4 o. (Carillet); 61 (jvoisey); 49 (Lantzendorffer); 53 o. (Martens); 25 (yktr)
laif, Köln: S. 47 (robertharding/Brooks); 40, 75 (Celentano); 95 (Loop Images/Drinkwater); 50, 90, 94, 97 (Gonzalez); 105 (Hemispheres); 56 (Hirth); 102 (hemis.fr/Ludovic); 73 (Modrow); 45 (NYT/Redux/Nunes dos Santos); 53 u. (Rabouan); 120/2 (Riva Press); 104 (Sfez); 71 (NYT/Redux/Speirs); 62 (Spohler); 46 (Steinhilber); 101 (Toureau)
Look, München: S. 20, 57, 78/79 (age fotostock); 91 (Pompe); 55 (SagaPhoto); 36 (Stankiewicz)
Mauritius, Mittenwald: S. 98 (Alamy/AMC); 66 (Alamy/Bi); 12/13 (Alamy/Bognar); 39 (Alamy/Drinkwater); 100 (Alamy/Ellis); 82 (Alamy/eye 35 stock); 42 (Alamy/Foy); 67 (Alamy/Golden); 16/17 (Cultura/Gu); 43 (Alamy/Hamilton); 72 (Alamy/Jayskyland Images); 120/7 (Alamy/Kennedy); 74 (Alamy/McCormack); 8/9 (Alamy/Murphy); 14/15 (Alamy/Steppenwolf); 120/1 (Alamy/Striking Images); 120/6 (Alamy/Taylor); 27,110 (Alamy/Wayman); 37 (Alamy/White, Jonny); 54 (Alamy/White, Liam); 103 (Alamy/White, Tim E); Titelbild (Kiefer); 29, 44, 120/3 (United Archives)
Schapowalow, Hamburg: S. 109 (Amantini); 7 (SIME/Carassale); 85 (SIME/Cellai); 107 (SIME/Fantuz); 4 u., 32, 64 (SIME/Rellini)

Kartografie

DuMont Reisekartografie, Fürstenfeldbruck

Umschlagfotos

Titelbild: Die Temple Bar in Temple Bar
Umschlagklappe hinten: James Joyce

Hinweis: Autor und Verlag haben alle Informationen mit größtmöglicher Sorgfalt geprüft. Gleichwohl sind Fehler nicht vollständig auszuschließen. Alle Angaben erfolgen ohne Gewähr. Bitte schreiben Sie uns! Über Ihre Rückmeldung zum Buch und Verbesserungsvorschläge freuen sich Autor und Verlag:
DuMont Reiseverlag, Postfach 3151, 73751 Ostfildern,
info@dumontreise.de, www.dumontreise.de

FSC
www.fsc.org
MIX
Papier aus verantwortungsvollen Quellen
FSC® C124385

1. Auflage 2017

Autor: Bernd Biege
Redaktion/Lektorat: Michaela Peischl
Grafisches Konzept: Eggers+Diaper, Potsdam
Printed in China

Kennen Sie die?

Guggi

Derek Rowen, geb. 1959, Bonos unbekannterer Jugendfreund, der von der Band »Virgin Prunes« zur bildenden Kunst wechselte und als Urgestein der Dubliner Avantgarde gilt.

Imelda May

Imelda Mary Clabby, geb. 1974, Rockabilly-Sängerin und Jazz-Musikerin, im Volksmund auch ›the Liberties' Belle‹ genannt (sie wurde in den Dubliner Liberties geboren).

Sitric Seidenbart

Sigtrygg Olafsson, skandinavischer Heerführer, Eroberer und Schöpfer eines Imperiums. Herrschte von 995 bis 1036 als König der Wikinger in Dublin.

Marty Whelan

Martin Whelan, geb. 1956, schnurrbärtiges Urgestein der irischen Medienszene vom Piratenradio bis zum Eurovisionswettbewerb, Muntermacher auf dem Klassiksender Lyric FM.

Mr. Tayto

Der Knollenmann zog zwar aufs Land, ist aber eigentlich ein Dubliner (die Firma begann in Coolock). Am beliebtesten ist er in Irland mit dem Aroma von Käse und Zwiebeln.

Leo Varadkar

1979 in Dublin geborener irischer Arzt, Abgeordneter und Minister indischer Abstammung, der zu den jüngeren Stars von Fine Gael zählt – trotz seines Outings auf RTÉ 2015.

Panti Bliss

Das Alter Ego von Rory O'Neill, Irlands bekannteste Drag Queen, ist immer für offene Worte und eine (gelegentlich heftige) Kontroverse in den Medien gut.

Sankt Valentin

Er starb als Märtyrer 273, wurde Schutzheiliger der Liebenden und kam 1836 als Geschenk Papst Gregors XVI (teilweise) in einen Dubliner Reliquienschrein.

Oscar Wilde

Vielleicht der Dubliner Weltmann an sich – und einer der meistzitierten irischen Literaten. Vor allem seine Bonmots sind ein wahres Schatzkästchen des Komisch-Absurden.